À Patrice et Nadia, mes parents.
À Pauline, ma sœur.
Et à Émilie, ma compagne.
Merci à vous, et aux autres, de me supporter et de me soutenir au quotidien. Un exploit lorsqu'on sait le temps que je consacre à ce fabuleux métier.

À Thierry Roland.
J'aurais aimé qu'il fasse partie de cette aventure, lui qui a été présent à la naissance de mon premier ouvrage. Hélas, la vie en a décidé autrement.

REMERCIEMENTS :
Ce livre n'aurait pu voir le jour sans certains acteurs.
Je tiens donc à remercier les éditions Milan, à l'origine de cette aventure : Sophie et Jérémy, qui ont passé beaucoup de temps à relire les textes pour que cet ouvrage soit le plus parfait possible, et Benjamin pour sa création graphique.
Merci aussi à Didier Leveil (Presse sports) de m'avoir donné accès aux archives de *L'Équipe*. Le plaisir fut immense de fouiner dans les photos d'hier et d'aujourd'hui.

GO! LE FOOTBALL

JULIEN LEDUC

MILAN

38 millions de joueurs licenciés à travers le monde en 2011 ; 700 millions de téléspectateurs devant la finale de la Coupe du monde 2010 entre l'Espagne et les Pays-Bas : à eux seuls, ces deux chiffres résument parfaitement ce que représente le football sur la planète.

Mais pourquoi ?
Pourquoi une telle passion pour une discipline réunissant vingt-deux acteurs autour d'un ballon ? Quel plaisir, quelle adrénaline ces sportifs peuvent-ils bien procurer aux supporteurs, aux dirigeants, aux médias et à eux-mêmes finalement ? Comment parviennent-ils à réunir, le temps d'un match, des spectateurs d'origines, de conditions et d'âges aussi divers ?

Ce livre propose modestement de vous faire découvrir ou redécouvrir le football d'hier et celui d'aujourd'hui.

La sélection des plus grandes nations, des meilleurs clubs européens ou des joueurs de légende n'a pas été simple : pourquoi mettre en avant l'Ajax Amsterdam et l'AS Saint-Étienne, au contraire du Bayern Munich ou de l'Inter Milan ? Pourquoi distinguer George Best plutôt que Bobby Charlton, Johann Cruyff plutôt que Marco Van Basten ? Loin d'être exhaustif, ce panthéon personnel vous fera peut-être regretter l'absence d'un tel ou de tel autre.

Ici, les photos, les records, les anecdotes s'attachent à saisir certains instants inoubliables. Ces petites histoires racontent la grande histoire du foot. Qui continue à s'écrire sur le terrain.

INTRODUCTION

adidas
SFR

SOMMAIRE

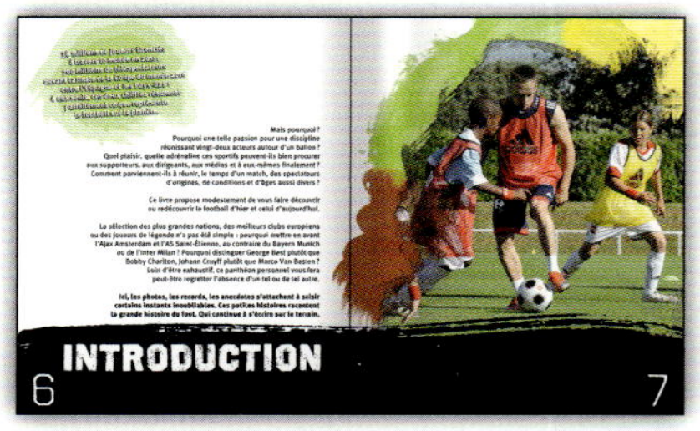

La naissance du football........... 12
La Fédération française de football........................... 14
Le foot business.................... 16
Le championnat de France........ 18
Quand les femmes chaussent les crampons.......... 20

Le terrain de jeu, les règles et le ballon.......................... 24
Vingt-deux joueurs et un arbitre........................ 26
Du coup d'envoi au coup de sifflet final....................... 28
Les différentes fautes sifflées...................... 30

La Coupe du monde, le Graal du footballeur............ 34
La Coupe du monde 1930........ 35
La Coupe du monde 1982........ 36
La Coupe du monde 1998........ 37
La Coupe du monde 2002........ 38
La Coupe du monde 2010........ 39
L'Euro, plus relevé que la Coupe du monde.......... 40
L'Euro 1960.......................... 41
L'Euro 1984.......................... 42
L'Euro 2000.......................... 43
La Ligue des champions, la coupe aux grandes oreilles.... 44
La Ligue des champions 1993... 45
La Ligue des champions 2002... 46
La Ligue des champions 2008... 47
La Coupe d'Afrique des nations, le rendez-vous d'un continent fou de foot....... 48
La Coupe d'Afrique des nations 2010................. 49
La Copa América, une épreuve vieille de deux siècles !........... 50
La Copa América 2011.............. 51
Les Jeux olympiques, la course aux lauriers............. 52
Les Jeux olympiques 1984........ 53

LES GRANDS CLUBS **56-65**
L'Ajax Amsterdam 56
L'AS Saint-Étienne 57
Le FC Barcelone 58
La Juventus de Turin 59
Liverpool 60
Manchester United 61
Le Milan AC 62
L'Olympique de Marseille 63
Le Real Madrid 64
Le Stade de Reims 65
LES GRANDS JOUEURS . . . **66-75**
Alfredo Di Stéfano 66
Lev Yachine 67
Edson Arantes do Nascimento,
dit Pelé 68
Franz Beckenbauer 69
George Best 70
Johan Cruyff 71
Michel Platini 72
Diego Armando Maradona 73
Zinédine Zidane 74
Lionel Messi 75
LES GRANDES NATIONS . . . **76-85**
L'Allemagne 76
L'Angleterre 77
L'Argentine 78
Le Brésil 79
L'Espagne 80
La France 81
L'Italie 82
Les Pays-Bas 83
L'Uruguay 84
La Hongrie 85

Les retours improbables 88
Départs en fanfare 90
Âgés mais efficaces 92
Surprenants gardiens 94
Les renards des surfaces 96
Les coupes d'Europe 98
Des histoires sans fin…
ou presque 100
Des défaites qui font mal 102
La folie des grandeurs 104

Une histoire de maillots 108
Quand les stades s'animent 110
Zooms sur la Coupe
du monde 112
Les grandes premières 114
Tristes trophées 116

Les dates et les mots
du foot 118
Les grandes dates
du football 120
Le lexique 122

LE FOOTBALL D'HIER À AUJOURD'HUI

Confidentiel et amateur à ses débuts, le football n'a eu de cesse de se développer. Aujourd'hui, on compte plus de 300 millions de pratiquants dans le monde.

RESPECT
CONTE VERDE
GENOVA
17
11

LA NAISSANCE DU FOOTBALL

L'apparition du football ne date pas du 12 juillet 1998, soir où la France remporta la Coupe du monde face au Brésil. Il faut remonter au IIIe siècle avant Jésus-Christ !

JEUX DE BALLE DANS L'ANTIQUITÉ

C'est en Chine, au IIIe siècle av. J.-C., que l'on trouve trace du premier jeu de balle pratiqué avec les pieds, le *cuju*. Consistant à jongler et à faire des passes, cette activité avait pour but d'entretenir physiquement les militaires chinois. 200 ans av. J.-C., les Romains pratiquaient la *pila trigonalis* (jeu de balle à trois joueurs formant un triangle) et l'*harpastum* (sport collectif proche à la fois du foot et du rugby).

LE *CALCIO* FLORENTIN

Le *calcio* florentin fait son apparition à Florence, en Italie, au début du Moyen Âge. Ce mélange de football, de lutte et de rugby se joue aussi bien dans la rue que sur un vrai terrain, généralement rectangulaire et sablonneux. Deux équipes de vingt-sept joueurs s'affrontent pendant cinquante minutes devant une foule souvent nombreuse. À l'époque, la finalité du jeu est déjà de faire entrer le ballon dans la cage adverse. À chaque but les équipes changent de côté, et il n'est pas rare que les rencontres finissent en bagarre générale. La ferveur pour le *calcio* florentin s'estompe petit à petit, et ce jeu disparaîtra plus ou moins au XVIIIe siècle. Mais aujourd'hui encore, en Italie, le mot *calcio* désigne le football.

À Florence, sur la place de la Seigneurie, a été reconstituée une partie de *calcio*, le football du XVe siècle. Un bœuf était offert à l'équipe gagnante.

◎ LES ANGLAIS PRÉCURSEURS

C'est au cœur du XIXe siècle, de l'autre côté de la Manche, que tout débute réellement. Le Sheffield Football Club, premier club de l'histoire, voit le jour en 1857. Trois ans plus tard, le 26 décembre 1860 précisément, le premier match interclubs oppose le Sheffield FC au Hallam FC. Et c'est le 5 mars 1867 que se dispute la première finale d'une compétition de football, la Youdan Cup, remportée par le Hallam FC. La Football Association Cup, la plus ancienne compétition nationale, débute lors de la saison 1871-1872 avec le succès du Wanderers FC. Le football prend de l'ampleur et devient professionnel en 1885. Trois ans plus tard, lors de la saison 1888-1889, naît le championnat d'Angleterre. Seuls les douze clubs du Nord sont habilités à y prendre part. Le foot ne cessera d'accroître sa popularité pour devenir aujourd'hui l'un des sports les plus suivis dans le monde.

◎ LA FIFA, LA MAISON MÈRE

La Fédération internationale de football association (Fifa) est créée en 1904 dans les locaux de l'Union des sociétés françaises de sports athlétiques. La Belgique, le Danemark, l'Espagne, la France, les Pays-Bas, la Suède et la Suisse en sont les pays fondateurs. Le professionnalisme va faire son apparition au sein d'un grand nombre de nations : en Autriche tout d'abord (1924), puis en Espagne (1929), en Tchécoslovaquie et en Hongrie (1930), avant de toucher l'Argentine (1931), la France (1932) et le Brésil (1933). Désireuse de donner davantage d'intérêt à ce sport, la Fifa tente de mettre sur pied une compétition mondiale par le biais de son président, Jules Rimet. Le projet aboutit lors du congrès d'Amsterdam, le 26 mai 1928. La première Coupe du monde se tiendra en Uruguay en 1930. Signe du destin, c'est le pays hôte qui en sortira vainqueur, face au Brésil.

Président de la Fifa de 1921 à 1954, Jules Rimet est l'instigateur de la Coupe du monde, la plus prestigieuse des compétitions de football. Jusqu'en 1970, le trophée portera d'ailleurs son nom : la coupe Jules-Rimet.

LA FÉDÉRATION FRANÇAISE DE FOOTBALL

Compétitions nationales ou matchs internationaux : la Fédération française de football est la tête pensante du foot tricolore.

LA NAISSANCE DE LA « 3 F »

C'est en 1919 que voit le jour la Fédération française de football (FFF, surnommée aussi la « 3 F »). Elle succède au Comité français interfédéral (CFI), fondé en 1907 et reconnu par la Fifa en 1908 comme représentant officiel du football français. Charles Simon, dirigeant sportif de l'époque, en avait été l'instigateur. Le CFI avait mis en place le Trophée de France en 1907, puis la Coupe de France en 1917. Dès 1919, la FFF a pour mission d'organiser les compétitions nationales et les matchs internationaux des différentes équipes de France.

Place de la Comédie, à Montpellier, les scènes de liesse se multiplient ce 21 mai 2012. La veille, le club héraultais a décroché son premier titre de champion de France.

LES DIFFÉRENTS CHAMPIONNATS

Divers championnats tiennent en haleine médias et supporteurs durant toute une saison. La vitrine nationale reste la Ligue 1 avec ses vingt clubs. Juste derrière, la Ligue 2 et le National comptent également vingt clubs chacun. La quatrième division, appelée *championnat de France amateur* (CFA), est composée de quatre poules de dix-huit équipes. Quant au CFA 2, il regroupe huit poules de seize formations. En Ligue 1, le premier est sacré champion de France. Dans les autres divisions, en plus du titre, les clubs engagés visent la montée à l'étage supérieur.

La Coupe de France est ouverte aux clubs amateurs et professionnels. Vainqueur en 2012, Lyon associe le capitaine des amateurs de Quevilly à son succès.

Président actuel de la Fédération française de football, Noël Le Graët est un homme de poigne. Il est celui qui aura décidé – temporairement ? – de ne plus donner de primes de victoire aux joueurs de l'équipe de France.

◎ LES PRÉSIDENTS FRANÇAIS

Avec deux mandats et vingt-huit ans de règne (1919-1942, puis 1944-1949), Jules Rimet, nommé le 7 avril 1919 à la tête de la FFF, a connu une longévité exceptionnelle. Depuis, la fédération a connu douze présidents. Fernand Sastre fut le deuxième à rester le plus longtemps en place (1972-1984). Depuis le 18 juin 2011, Noël Le Graët est le nouveau président de la FFF.

◎ UNE PASSION GRANDISSANTE

En 1925, le premier recensement fait état de 100 000 licenciés pour 2 917 clubs. Cinq ans plus tard, en 1930, on compte 123 994 footballeurs pour 3 592 formations. La passion pour ce sport se confirmera au fil des ans. Le cap du million de pratiquants (1 046 068) est passé en 1975 ; celui des deux millions (2 055 610) en 1995. En 2007, un pic est atteint avec 2 320 625 joueurs et 18 165 clubs. Le désastre de la Coupe du monde 2010 marquera le déclin du nombre de licenciés (1 988 505 en 2010-2011).

LE FOOT BUSINESS

Quasiment inexistant au début de l'ère footballistique, l'argent est aujourd'hui omniprésent. C'est lui le nerf de la guerre.

LES TRANSFERTS RECORDS

L'argent n'a pas toujours été roi dans le football. Le premier transfert recensé date de 1905. À cette époque, le Britannique Alf Common signe à Middlesbrough pour 1 000 livres (environ 1 250 euros). Une somme dérisoire au regard des pratiques d'aujourd'hui. Voici le top 5 des plus gros transferts de l'histoire du foot.

1er : Cristiano Ronaldo. Transféré de Manchester United au Real Madrid en 2009 pour 94 millions d'euros.

2e : Zlatan Ibrahimović. Transféré de l'Inter Milan au FC Barcelone en 2009 pour 50 millions d'euros, auxquels s'ajoute la cession du buteur barcelonais Samuel Eto'o, qui fait le chemin inverse ; montant total estimé : 80 millions d'euros.

3e : Zinédine Zidane. Transféré de la Juventus de Turin au Real Madrid en 2001 pour 75 millions d'euros.

4e : Kaká. Transféré du Milan AC au Real Madrid en 2009 pour 65 millions d'euros.

5e : Luís Figo. Transféré du FC Barcelone au Real Madrid en 2000 pour 61 millions d'euros.

Le plus cher.
En signant un contrat de trois ans avec le PSG en juillet 2012, Zlatan Ibrahimović devient le joueur le plus cher de l'histoire si on additionne les montants de ses transferts successifs depuis Malmö jusqu'à Paris.

DES DROITS TÉLÉ EXORBITANTS

Retransmettre un match de football à la télévision représente un coût colossal. Depuis la saison 1984-1985, Canal + n'a eu de cesse de faire monter les enchères. La première fois, la chaîne cryptée dut sortir 2 millions d'euros pour obtenir la diffusion des championnats de première et de deuxième division, avant de doubler la mise l'année suivante (4 millions d'euros). Les montants sont versés à la Ligue de football professionnel (LFP), qui en garde une partie et se charge de redistribuer l'autre partie aux clubs. Les sommes allouées aux clubs sont fixées selon plusieurs critères : classement du club, popularité, nombre de retransmissions en direct…

LE TOURNANT DE LA COUPE DU MONDE

La Coupe du monde de football 1998 en France marque un cap dans les investissements de la télévision. Canal + a ainsi payé 122 millions d'euros à la LFP lors de la saison 1998-1999, puis 380 millions en 2003-2004, pour atteindre la somme de 668 millions par an sur les saisons 2008 à 2012. À titre de comparaison, les droits du championnat d'Angleterre s'élevaient à 567 millions de livres (703 millions d'euros) par saison entre 2007 et 2010.

◎ LES RECETTES D'UN CLUB

Avec des salaires de plus en plus élevés et des charges importantes, les clubs se doivent de faire entrer de l'argent dans les caisses. Primordiales dans les années 1990, les recettes liées à la présence des spectateurs (la billetterie) n'ont plus le même impact qu'avant. L'arrivée de la télévision en est la principale raison. Prime est donc donnée aux droits télé, devenus vitaux pour la bonne santé des clubs. Viennent ensuite le parrainage des maillots, négocié généralement sur plusieurs saisons, puis les produits dérivés. La crise économique rend ce dernier secteur plus incertain. À titre d'exemple, lors de la saison 2005-2006, le PSG n'enregistrait que 833 000 euros de recettes de merchandising. Soit une baisse de 34 % par rapport à la saison précédente.

◎ UNE COURSE À L'AUGMENTATION

Dans un milieu où le business est roi, les footeux tentent de négocier au mieux leurs contrats, demandant toujours des salaires astronomiques.
Fin juillet 2012, Samuel Eto'o, attaquant du club russe de l'Anzhi Makhatchkala, était le joueur le mieux payé du monde avec une rémunération annuelle – hors primes et contrats publicitaires – estimée à 20 millions d'euros. Derrière suivaient Zlatan Ibrahimović (Paris Saint-Germain) avec 14 millions par an, Wayne Rooney (Manchester United) et Yaya Touré (Manchester City) avec 13,8 millions, et Cristiano Ronaldo (Real Madrid) avec 13 millions. Le premier Français, Samir Nasri, sous contrat avec le richissime Manchester City, touchait un salaire annuel estimé à 10,4 millions. Soit à peine moins que le prodige argentin du FC Barcelone Lionel Messi (10,5 millions). Mais le salaire n'est pas la seule source de revenus des footballeurs : ainsi Messi perçoit-il chaque année 1,5 million de primes et... 21 millions liés à des contrats publicitaires ! Toutes sommes comprises, le meilleur joueur du monde en activité est donc aussi le mieux payé.

LE TOP 3 DES BUDGETS DE CLUB

Construire un stade, acheter des joueurs, payer les salaires : le coût peut être très élevé. En France comme à l'étranger, l'écart de budget est parfois abyssal entre les clubs. En 2011-2012, voici quels étaient les trois premiers budgets de la Ligue 1 et les trois derniers.
1er : Olympique lyonnais (172 millions d'euros).
2e : Olympique de Marseille (161 millions d'euros).
3e : Paris Saint-Germain (150 millions d'euros).
18e : Évian-Thonon-Gaillard (26 millions d'euros).
19e : Dijon (20 millions d'euros).
20e : Ajaccio (16 millions d'euros).

Contrats annexes. Adidas, mais aussi Pepsi et Gillette, Lionel Messi cumule les contrats publicitaires.

LE CHAMPIONNAT DE FRANCE

Compétition phare du football français, la Ligue 1, c'est 380 matchs pour 7 170 333 spectateurs en 2011-2012.

LE MIROIR DES SPORTS — 223

DIMANCHE, PREMIERS MATCHES DU PREMIER CHAMPIONNAT DE FRANCE PROFESSIONNEL

Les équipes se sont renforcées ; elles sont mieux entraînées ; elles ont aussi une tendance à jouer plus dur...

Le championnat de France professionnel commencera dimanche. Notre public verra aux prises des équipes mieux formées, entraînées rationnellement et à fond, renforcées par un maximum de quatre joueurs étrangers, Anglais, Autrichiens, Hongrois, Allemands, Tchèques, voire Roumains.

Bien que nous nous soyons contentés de publier jusqu'ici des instantanés avec une ou deux lignes de commentaires seulement, nous n'avons pas manqué un match depuis la réouverture de la saison. La foule, qui s'est tout de suite montrée plus exigeante, a été satisfaite dans son désir de voir un football plus athlétique, plus serré, plus continu pendant les 90 minutes de jeu. La tenue moyenne de nos équipes est déjà bien supérieure à ce qu'elle était l'an dernier. Des joueurs se sont aperçus qu'ils ignoraient tout de l'entraînement jusqu'à présent. C'est ainsi que si quelques hommes trop replets ont perdu des livres d'excédent, en revanche l'arrière du Racing, Capelle, sous la direction efficace de M. « Jimmy » Hogan et en dépit d'une sévère préparation, a gagné 3 kilos.

Un des résultats de cette mise en condition athlétique sera de rendre le football plus rude dans les chocs. Nos arbitres auront fort à faire, s'ils veulent rester les maîtres de l'action et empêcher la brutalité de s'imposer. Dimanche, à Saint-Ouen, au cours du match Red Star-Club Français (3-3), M. Maquart n'eut pas la main heureuse. Il tenta trop tard de réprimer les violences et, bien souvent, il prit la conséquence pour la cause, la réaction pour la provocation. Il aurait dû d'autant plus se méfier qu'une rivalité locale sépare le Club du Red Star et que les joueurs se connaissent trop bien pour se ménager.

Le résultat de la rencontre prouve, en tout cas, bien que le Club ait plutôt été désavantagé, que les équipes sont près les unes des autres et que le championnat sera équilibré.

La veille, Sochaux, affaibli par deux demis aile qui n'ont pas la classe d'équipiers premiers, s'inclina très nettement devant le Racing, qui gagna par 4 à 1 et fournit une partie vraiment intéressante à tous égards. Les spectateurs sont acquis à de tels matches ; il y avait 5.000 personnes samedi à Saint-Ouen et plus de 8.000 dimanche.

G. H.

Rappelons que les deux groupes de dix du championnat de France professionnel sont :

Groupe A : Excelsior Athletic Club de Roubaix ; Olympique Lillois ; Club Français ; Racing Club de Paris ; F. C. Mulhouse ; Olympique de Marseille ; S. C. Nîmes ; F. C. Sète ; Hyères F. C. ; O. G. C. Nice.

Groupe B : S. C. Fivois ; Red Star ; C. A. P. ; F. C. Metz ; F. C. Sochaux ; Stade Rennais ; O. Alès ; S. O. Montpellier ; A. S. Cannes ; Antibes O.

RACING-SOCHAUX (4-1), samedi, à St-Ouen : TASSIN sauve de la main. Derrière, DIAGNE et BERKESSY (en bl.) veillent

RED STAR-CLUB FRANÇAIS (3-3), dimanche, aussi à Saint-Ouen : THÉPOT BLOQUE UN SHOT BAS, TANDIS QUE L'AILIER DROIT DU CLUB, DUMAS, S'ÉLANCE SUR LUI

Cette année-là, le football en est à ses balbutiements. Pas encore professionnel tant sur le plan de l'organisation du jeu que des tenues, il attire cependant déjà beaucoup de monde dans les stades.

◎ UNE HISTOIRE VIEILLE DE 80 ANS

C'est en 1930 que le football devient professionnel en France, sur décision du conseil national de la Fédération française de football. Georges Bayrou, Emmanuel Gambardella et Gabriel Hanot, trois hauts dirigeants du football national, en sont à l'origine. Deux ans plus tard, le championnat à vingt clubs voit le jour. Seules les formations ayant obtenu des résultats dans le passé, disposant de recettes suffisantes et comptant au moins huit joueurs professionnels sont habilitées à y prendre part. Face à ces règles pour le moins strictes, le RC Roubaix, l'Amiens SC ou encore le Stade français refusent de s'engager dans la compétition.

◎ LES CHAMPIONS DE FRANCE

Le championnat de France a connu 72 champions en comptant la saison 2011-2012 et le sacre historique de Montpellier. L'Olympique lillois fut le premier à inscrire son nom au palmarès, en 1933. Par la suite, l'AS Saint-Étienne, avec 10 titres, fut le club le plus régulier dans cet exercice. Suivent Marseille (9 sacres), Nantes (8), Monaco et Lyon (7 chacun). L'Olympique lyonnais est le seul club à avoir été champion de France 7 années de suite, de 2002 à 2008.

◎ LA LONGÉVITÉ DU GARDIEN DE BUT

Avec 602 matchs au compteur entre 1975 et 1994 (sous le seul maillot de l'AS Monaco), le gardien de but Jean-Luc Ettori est le joueur qui a été le plus présent sur les terrains de première division. Durant son passage sur le Rocher, Ettori décrochera trois titres nationaux, trois Coupes de France, et échouera en finale de la Coupe des coupes en 1992. Mickaël Landreau, qui évolue au même poste qu'Ettori, pourrait bien le dépasser lors de la saison 2013-2014. Actuellement à Lille, l'ancien portier du FC Nantes et du Paris Saint-Germain en était à 553 rencontres au terme de l'exercice 2011-2012.

◎ BUTEUR, UNE ESPÈCE RECHERCHÉE

Grand artisan des victoires et des titres, le buteur est souvent la star de l'équipe. Si le championnat français n'a jamais pu attirer les plus grands attaquants du monde, il n'en demeure pas moins que certains ont su se distinguer sur les pelouses tricolores. Pendant seize ans, de 1971 à 1986, l'Italo-Argentin Delio Onnis a fait le bonheur de Reims, Monaco, Tours et Toulon. Avec 299 buts en 449 matchs, il est le meilleur buteur de l'histoire du championnat de France. Sur une saison, le plus efficace fut Josip Skoblar, en 1970-1971, avec 44 réalisations. Seul Jean-Pierre Papin décrocha cinq années de rang le titre de meilleur buteur (de 1987-1988 à 1991-1992). Sous les couleurs de l'OM, « JPP » inscrivit la bagatelle de 121 buts.

LE CHAMPIONNAT DE FRANCE À LA TÉLÉ

Le 29 décembre 1956, un match du championnat de France de première division est retransmis pour la première fois à la télévision. L'affiche du jour présente Reims/Metz devant les caméras de l'Office de radiodiffusion-télévision française (ORTF). Il n'y aura pas de suite avant la saison 1964-1965. L'ORTF verse alors un dédommagement de 50 000 francs (environ 7 600 euros) par match au club qui reçoit.
Le 9 novembre 1984, Canal + diffuse son premier match de Division 1, Nantes/Monaco, payant 250 000 francs (38 000 euros) à la Ligue nationale de football en contrepartie. La quatrième chaîne devient le diffuseur officiel du championnat français. À ce jour, le record d'audience sur la chaîne cryptée est de 2,93 millions de téléspectateurs. C'était le 17 mai 2009, lors de la rencontre Marseille/Lyon (1-3).

QUAND LES FEMMES CHAUSSENT LES CRAMPONS

Si elles mirent plus de temps à s'imposer, les femmes sont aujourd'hui bien présentes sur les terrains de football.

◎ PRIVÉES DE JEU

Le football féminin ne date pas d'hier. Le 23 mars 1895, en Angleterre, le British Ladies Football Club organise le premier match entre femmes. En France, il faut attendre le 30 septembre 1917 pour voir s'affronter deux équipes du Fémina sport. Mais le développement du foot féminin est très vite interrompu : la fédération anglaise interdit sa pratique en 1921, tandis qu'en France le championnat dames est arrêté en 1933. Le régime de Vichy s'en mêle et proscrit la pratique du foot féminin en 1941, estimant ce sport « nocif pour les femmes ».

LYON, MEILLEUR CLUB FÉMININ D'EUROPE

Créée en 1970 sous le nom de Football Club de Lyon, la section féminine est totalement rattachée à l'Olympique lyonnais du président Jean-Michel Aulas en 2004-2005. Déjà quatre fois championnes de France (1991, 1993, 1995, 1998) et détentrices de deux Coupes de France (2003, 2004), les Lyonnaises vont franchir un palier grâce aux moyens financiers apportés par Aulas. En huit ans, les Rhodaniennes décrochent six titres nationaux consécutifs (de 2007 à 2012) et deux Coupes de France (2008, 2012). Mais surtout elles réussissent là où leurs homologues masculins ont toujours échoué en remportant deux Ligues des champions (en 2011 devant les Allemandes de Potsdam, en 2012 face à Francfort). Le meilleur club féminin français règne désormais sur l'Europe.

◎ DE LA RECONNAISSANCE AUX GRANDES COMPÉTITIONS

Il faut attendre les années 1960 pour assister à la (re)naissance du football féminin. Au début des années 1970, l'Angleterre, la France et l'Allemagne reconnaissent sa légitimité. Mais les instances internationales seront plus difficiles à convaincre. Ce n'est qu'en 1984 pour l'UEFA et en 1991 pour la Fifa que le foot féminin est officiellement reconnu. La création d'un championnat d'Europe et d'une Coupe du monde ne tardera pas à suivre.

Avec deux succès en Coupe du monde (2003, 2007) et sept titres de championne d'Europe (1989, 1991, 1995, 1997, 2001, 2005 et 2009), l'Allemagne de l'emblématique Birgit Prinz est la meilleure nation du Vieux Continent. À l'échelle mondiale, la sélection allemande doit affronter la concurrence des États-Unis, qui, forts de leurs deux victoires en Coupe du monde (1991, 1999) et de leurs trois titres olympiques (1996, 2004, 2008), sont l'autre référence du foot féminin. Michelle Akers, Mia Hamm, Kristine Lilly ou Hope Solo ne sont pas étrangères aux bonnes performances de l'équipe américaine.

◎ LES FRANÇAISES DANS LA COUR DES GRANDES

Le 17 avril 1971, contre les Pays-Bas, la France dispute son premier match officiel et perd 4 à 0. Par la suite, les résultats resteront mauvais, voire catastrophiques, avec notamment une cuisante défaite face aux États-Unis le 29 avril 1996 (8-0).
C'est sous l'impulsion d'Aimé Jacquet, sélectionneur de l'équipe de France masculine lors de la victoire à la Coupe du monde 1998, que le football féminin de haut niveau est pris en charge sérieusement. Dès lors les premiers résultats apparaissent, avec une participation au Mondial 2003. Les Bleues confirment en se qualifiant pour l'Euro 2005, mais échouent dans la course à la Coupe du monde 2007. Ce n'est que quatre ans plus tard, à l'occasion du Mondial allemand, que les footballeuses françaises parviennent à intéresser les médias. Victorieuses de leurs dix matchs en éliminatoires (50 buts marqués et aucun encaissé), Sandrine Soubeyrand, Gaëtane Thiney et compagnie réalisent un excellent parcours en phase finale, se hissant jusqu'en demie. Battues par les États-Unis (3-1), elles prennent finalement la quatrième place après une nouvelle défaite face à la Suède en petite finale (2-1). Ce jour-là deux millions de téléspectateurs regardent Direct 8, un record pour du football féminin.

Depuis la Coupe du monde 2011 en Allemagne et sa 4e place, l'équipe de France féminine ne cesse de susciter l'intérêt des médias et des amoureux du ballon. Notamment grâce à ses stars Gaëtane Thiney (17) et Louisa Necib (14).

LE FOOTBALL ET SES RÈGLES

Pratiqué dans le monde entier au niveau amateur ou professionnel, le football se joue selon des règles simples qui ont su évoluer au fil du temps. Appliquées et uniformisées par la Fifa (Fédération internationale de football association), les règles comptent dix-sept lois.

LE TERRAIN DE JEU, LES RÈGLES ET LE BALLON

Que la pelouse soit naturelle ou synthétique, les règles ne changent pas et le ballon a toujours la même mission : entrer dans le but adverse.

PRINCIPES DU JEU

Le football se joue à deux équipes composées chacune de sept ou onze joueurs. Le football à onze est le plus répandu. L'objectif, lors d'une rencontre, est de faire entrer un ballon rond au fond d'une cage protégée par le gardien de but. Il y a but lorsque le cuir franchit totalement la ligne. Une partie de football dure deux fois quarante-cinq minutes avec une pause de quinze minutes entre les deux périodes. Lors d'un match à élimination directe, on joue deux prolongations de quinze minutes si le score est nul à l'issue du temps réglementaire de quatre-vingt-dix minutes. Si l'égalité persiste au bout de ces cent vingt minutes de jeu, on procède à une séance de tirs au but afin de désigner le vainqueur de la rencontre.

LOI N° 1 : LE TERRAIN DE JEU

Le football se pratique sur une pelouse naturelle ou synthétique. Le terrain mesure 90 à 120 m de long pour 45 à 90 m de large. Les lignes du terrain ne doivent pas dépasser 12 cm de large. Les rencontres professionnelles de haut niveau ont lieu sur un terrain de 105 m de long et 68 m de large. Le terrain est coupé en deux par une ligne médiane qui joint les lignes de touche. Le rond central est marqué au milieu de la ligne médiane et est identifiable par un cercle de 9,15 m de rayon. Chaque camp inclut une surface de réparation dans laquelle se trouve le gardien de but. Elle mesure 40,30 m de large et 16,50 m de profondeur. Le point de pénalty est situé à 11 m de la ligne de but. À chaque coin du terrain doit être planté un drapeau avec une hampe non pointue et s'élevant au moins à 1,50 m du sol. Quant à la cage, elle se situe au centre de la ligne de but. Elle est constituée de deux poteaux verticaux blancs de 2,44 m de haut reliés par une barre transversale blanche de 7,32 m. Les deux poteaux et la barre doivent avoir une largeur et une épaisseur maximales de 12 cm. La ligne de but doit être d'une dimension similaire. Des filets sont attachés à la cage et au sol derrière le but.

Le stade olympique de Pékin, en Chine,
lors d'un match de championnat un an après le passage des JO.

Chaque compétition a son propre ballon. Ici celui utilisé en France pour la Coupe de la Ligue.

◎ LOI N° 2 : LE BALLON

Il est sphérique et en cuir ou dans une matière adéquate à la pratique du football. Le ballon a une circonférence de 68 à 70 cm pour un poids de 410 à 450 g. Sa pression doit être comprise entre 600 et 1 100 g/cm². Le ballon est constitué de trente-deux pièces géométriques (pentagonales ou hexagonales) assemblées. Au cours d'une rencontre, s'il vient à éclater ou s'il est abîmé, la partie est arrêtée. On prend alors un nouveau ballon, et la partie peut reprendre par une balle à terre à l'endroit où l'incident a eu lieu.

VINGT-DEUX JOUEURS ET UN ARBITRE

Les joueurs sont parfois prêts à tout afin de l'emporter. Les arbitres sont donc là pour veiller au grain.

LOI N° 3 : LE NOMBRE DE JOUEURS

Chaque équipe se compose généralement de onze joueurs, dont un gardien de but. Longtemps interdits, les changements de joueur sont autorisés depuis le 17 juin 1967. D'abord limités à deux, les changements sont au nombre de trois depuis 1995. Un match est annulé ou arrêté si l'une des formations compte moins de sept joueurs sur le terrain. Si le gardien est expulsé, son suppléant ou un joueur de champ peut le remplacer. Mais l'équipe devra rester à dix sur le terrain. La présence d'un gardien de but est obligatoire. Lors d'un match, trois à sept joueurs sont sur le banc des remplaçants. Dans les rencontres amicales, six joueurs au maximum peuvent entrer sur le terrain en cours de partie. Les changements ne peuvent se faire sans l'accord de l'arbitre central et doivent être effectués au centre du terrain, aux côtés d'un arbitre assistant.

LOI N° 4 : L'ÉQUIPEMENT DES JOUEURS

Chaque joueur possède un équipement comprenant un maillot, un short, des bas, des protège-tibias et des chaussures à crampons. Les footballeurs jouent tous dans des coloris propres à leur club. Bien souvent, il existe une tenue pour les rencontres à domicile et une autre pour celles à l'extérieur. Le maillot doit être à l'intérieur du short. Les joueurs ne peuvent pas porter de bijoux, que ce soit autour du cou, au poignet ou aux doigts. Les lunettes sont en revanche autorisées. Les protège-tibias sont obligatoires et doivent être absolument recouverts par les chaussettes. Ils sont en caoutchouc, en plastique ou dans une matière similaire. Le gardien de but a une tenue différente de ses partenaires et du trio (ou quatuor) arbitral. Il peut porter des gants. L'ensemble des équipements doit être contrôlé par l'arbitre avant le coup d'envoi de chaque rencontre.

Chaussures, protège-tibias, chaussettes, short et maillot. Voici l'équipement complet porté par les joueurs de l'Olympique lyonnais en 2010-2011.

◎ LOI N° 5 : L'ARBITRE

Chaque match est dirigé par un arbitre central. Il doit veiller à l'application de toutes les lois du jeu. Il est seul habilité à revenir sur une décision s'il se rend compte d'une erreur de jugement de sa part ou de la part d'un de ses deux assesseurs. Avant un coup d'envoi, il vérifie la qualité du ballon et l'équipement des joueurs, rédige la feuille de match, etc. C'est à l'aide de son sifflet qu'il donne le coup d'envoi de la rencontre. Il peut arrêter provisoirement ou définitivement une partie si l'intégrité des joueurs est en danger, ou si une panne de courant se produit et affecte l'éclairage.

Pierluigi Collina, l'arbitre le plus célèbre au monde, en 2004 au Parc des Princes lors d'une rencontre entre Paris et Porto.

◎ LOI N° 6 : LES ARBITRES ASSISTANTS

Au niveau professionnel, les arbitres assistants sont généralement au nombre de trois. Deux sont placés le long des deux lignes de touche. Ils ont pour mission de signaler la sortie du ballon, de désigner à qui revient la touche, le corner ou le six mètres. Ils doivent aussi signaler les hors-jeu et les fautes non vues par l'arbitre central. Les deux assistants inspectent les filets de la cage, les ballons et les équipements des joueurs, tout comme l'arbitre central. Le troisième assistant endosse le rôle de quatrième arbitre. Il est là pour veiller au bon comportement des joueurs, des entraîneurs et des staffs techniques assis sur les bancs de touche.

DU COUP D'ENVOI AU COUP DE SIFFLET FINAL

But ou pas but ? Hors-jeu ou pas hors-jeu ? Seul l'arbitre a la réponse. Pendant quatre-vingt-dix minutes, et parfois plus.

◎ LOI N° 7 : LA DURÉE DU MATCH

Une rencontre de football dure deux fois quarante-cinq minutes. À la moitié du temps, les joueurs font une pause de quinze minutes pour récupérer. Le temps perdu en raison de blessures ou d'incorrections est rattrapé à l'issue de chaque période. Sans oublier un ajout de trente secondes pour chaque remplacement effectué par une équipe. Ce temps supplémentaire est appelé *temps additionnel*. Lors de certains matchs, une prolongation de deux fois quinze minutes a lieu.

◎ LOI N° 8 : LE COUP D'ENVOI ET LA REPRISE DU JEU

Après l'entrée des deux équipes sur le terrain, l'arbitre réunit les capitaines dans le rond central pour désigner la formation qui donnera le coup d'envoi. Le tirage au sort se fait à pile ou face à l'aide d'une pièce de monnaie. Le vainqueur choisit alors le camp dans lequel il souhaite évoluer. Bien souvent, cette décision est prise en fonction du sens et de la force du vent. Dans un esprit d'équité, au coup d'envoi de la seconde période, les deux équipes changent de moitié de terrain. Le coup d'envoi est donné au début de chaque période ou de chaque prolongation et après chaque but. Avant que l'arbitre ne lance le jeu par un coup de sifflet, les deux équipes occupent leur propre moitié de terrain.

Bordeaux donne le coup d'envoi de la rencontre face à Nancy (2010). Chaque match débute de cette manière.

◎ LOI N° 9 : BALLON EN JEU ET HORS DU JEU

Le ballon est hors du jeu quand il a franchi la ligne de but ou de touche, ou si l'arbitre a donné un coup de sifflet pour arrêter le match. Il est en jeu dans toutes les autres situations, y compris lorsqu'il touche la transversale, un poteau, un drapeau de coin…

◎ LOI N° 10 : BUT MARQUÉ

Un but est marqué lorsque le cuir franchit entièrement la ligne de but, sous réserve qu'aucune faute n'ait été commise par le buteur ou un de ses partenaires. Un but peut être marqué directement au coup d'envoi, sur un pénalty, sur un coup franc direct ou un corner. Un but est refusé si le ballon franchit la ligne en étant crevé, si le buteur est hors jeu, si l'arbitre avait sifflé avant, sur un coup franc indirect, une touche ou une balle à terre.

But ! Joleon Lescott marque pour l'Angleterre contre la France lors de l'Euro 2012.

◎ LOI N° 11 : LE HORS-JEU

Le hors-jeu date de 1873. Un joueur est hors jeu si, au moment où la balle lui est transmise, il se trouve plus près de la ligne de but adverse qu'à la fois le ballon et l'avant-dernier adversaire. L'arbitre assistant le signale avec un drapeau. Un joueur n'est jamais hors jeu sur une touche, un six mètres ou un corner. Dans toutes ces situations, l'arbitre donne un coup franc indirect à l'adversaire.

◎ LOI N° 12 : FAUTES ET COMPORTEMENT ANTISPORTIF

Un coup franc direct est accordé si l'équipe adverse commet une faute (donner un coup de pied, charger, bousculer, tacler sans toucher le ballon, toucher le ballon de la main…). Un coup franc indirect est accordé lorsqu'un gardien de but garde le ballon plus de six secondes dans les mains ou le saisit après une passe en retrait d'un partenaire. Un pénalty est accordé pour toute faute commise par un adversaire dans la surface de réparation. Si cela se justifie, l'arbitre peut sortir un carton jaune ou rouge.

Le Toulousain Abdennour effectue le geste le plus courant du défenseur en taclant le Montpelliérain Belhanda.

LES DIFFÉRENTES FAUTES SIFFLÉES

Pendant un match, de nombreuses fautes sont commises. Elles entraînent forcément des sanctions, qui vont du simple coup franc au pénalty.

◎ LOI N° 13 : LE COUP FRANC

Il existe deux types de coups francs : le direct et l'indirect. Sur un coup franc direct, le joueur peut marquer ; sur un coup franc indirect, le ballon doit être touché par deux joueurs au minimum pour que le but soit validé. Sur un coup franc, un mur est placé par la défense à 9,15 m du ballon. Si un joueur fonce en direction du ballon avant que le coup franc ne soit joué, il écope d'un carton jaune, ou d'un rouge s'il s'agit de son second avertissement.

◎ LOI N° 14 : LE COUP DE PIED DE RÉPARATION

Inventé par l'Irlandais William McCrum en décembre 1890, le coup de pied de réparation, ou pénalty, punit officiellement, depuis le 2 juin 1891, une faute commise par un joueur dans sa propre surface de réparation. Il s'exécute dans l'axe à 11 m de la cage. Il peut être marqué directement ou non. Le tireur est identifié à l'avance. Le gardien de but adverse reste sur sa propre ligne jusqu'à ce que le ballon ait été tiré. Depuis 2000, le gardien peut se mouvoir sur sa ligne. Tous les autres joueurs se trouvent en dehors de la surface de réparation et ne doivent pas bouger avant l'exécution de la frappe. Dans le cas contraire, l'arbitre fera retirer le pénalty. Le joueur qui tire ne peut pas retoucher le ballon s'il est repoussé par un poteau, la barre transversale ou le gardien.

Coup franc tiré par le Caennais Grégory Proment face à Sochaux en match de L1.

Touche !
Patrice Évra remet la balle en jeu. Ici sous les couleurs de Manchester United contre Arsenal en 2012.

◎ LOI N° 15 : LA TOUCHE

Une touche est sifflée quand le ballon a entièrement franchi la ligne de touche. Elle va à l'équipe adverse du joueur qui a touché le ballon en dernier. Pour faire une touche, il faut avoir les deux pieds sur la ligne ou à l'extérieur du terrain. Il faut lancer le ballon par-dessus la tête sans décoller les pieds du sol. Personne ne doit être à moins de 2 m du ballon, sous peine de recevoir un carton.

◎ LOI N° 16 : LE COUP DE PIED DE BUT

Un coup de pied de but, ou six mètres, est accordé quand le ballon, touché en dernier par un joueur de l'équipe qui attaque, a entièrement franchi la ligne de but adverse. Le cuir est dégagé d'un point quelconque de la surface de réparation pour que le jeu reprenne.

◎ LOI N° 17 : LE COUP DE PIED DE COIN

Un coup de pied de coin, ou corner, est accordé lorsque le ballon, touché en dernier par un joueur de l'équipe qui défend, franchit la ligne de but. Le cuir est placé dans l'arc de cercle du coin le plus proche de l'endroit où il est sorti. Un but peut être marqué directement sur un corner.

Olivier Sorlin tire un corner en direction de la surface de réparation bordelaise.

LES PLUS BELLES À GAGNER !

Si les championnats nationaux restent leur pain quotidien, les footballeurs ne rêvent que de grandeur européenne ou mondiale.

33

LA COUPE DU MONDE, LE GRAAL DU FOOTBALLEUR

Trophée convoité par tous les footballeurs internationaux, la Coupe du monde de football a été créée en 1928 à l'initiative de Jules Rimet, alors président de la Fifa. Huit pays l'ont déjà remportée.

Jules Rimet pose dans le bureau de la Fédération française de football durant son mandat. Il est l'instigateur de la Coupe du monde.

NAISSANCE DE LA COUPE DU MONDE

C'est en 1904, dès la fondation de la Fifa, que vient l'idée de créer la Coupe du monde. La première édition doit avoir lieu en Suisse en 1906, mais le projet est abandonné, faute de participants. À l'issue de la Première Guerre mondiale, Jules Rimet, président de la Fifa, ressort du placard l'idée d'une Coupe du monde de football. Le projet est adopté lors d'un congrès à Amsterdam le 26 mai 1928. L'organisation de la première Coupe du monde est confiée à l'Uruguay pour fêter le centenaire de son indépendance ainsi que ses deux titres olympiques. En hommage à Jules Rimet, le trophée prend le nom de ce dernier.

BEAUCOUP D'APPELÉS, UN SEUL ÉLU

Remporter la Coupe du monde est un rêve. Pour certaines nations, voir son nom associé aux anciens vainqueurs que sont le Brésil, l'Italie ou l'Allemagne relève carrément du fantasme. D'autant qu'ils sont de plus en plus nombreux à tenter leur chance. Pour l'édition 2010, qui a vu l'Espagne s'imposer pour la première fois de son histoire, deux cents équipes étaient engagées dans les éliminatoires. Mais seules trente-deux sélections étaient qualifiées pour la phase finale en Afrique du Sud.

COMMENT SE QUALIFIER ?

Les éliminatoires concernent tous les pays du monde affiliés à la Fifa. Ils sont divisés en six zones continentales : l'Afrique ; l'Amérique du Nord, l'Amérique centrale et les Caraïbes ; l'Amérique du Sud ; l'Asie ; l'Europe ; l'Océanie. Avant chaque édition, la Fifa décide du nombre de places qu'elle accordera à chacune des zones. Pour la dernière édition, en 2010, l'Afrique avait droit à cinq pays plus l'Afrique du Sud en tant que pays organisateur ; l'Europe avait treize places ; l'Amérique du Sud et l'Asie quatre chacune, et un pays supplémentaire de chaque continent disputait un match de barrage pour une dernière place ; la donne était identique pour l'Amérique du Nord, avec trois billets pour le Mondial, un quatrième pays affrontant une nation de l'Océanie en vue du dernier ticket.

LA COUPE DU MONDE 1930

L'URUGUAY OUVRE LE BAL

Pour cette première édition, l'Uruguay s'impose sur son sol au nez et à la barbe des douze autres participants. En finale, la *Celeste* dompte l'Argentine 4 à 2.

◎ LE FAIT MARQUANT

Le match d'ouverture oppose la France et le Mexique dans l'enceinte du Pocitos de Montevideo. À la 19e minute, Lucien Laurent profite d'une attaque des Tricolores pour tromper Óscar Bonfiglio. Le Français entre dans l'histoire en devenant le premier buteur en Coupe du monde.

◎ LE JOUEUR MARQUANT

Attaquant prolifique du Club Atlético Huracán, Guillermo Stábile fait aussi le bonheur de la sélection argentine. Remplaçant lors du premier match, il va par la suite faire parler la poudre. Un triplé face au Mexique, puis deux doublés contre le Chili et les États-Unis, suivis d'un dernier but en finale, lui valent de finir meilleur buteur de la compétition avec huit réalisations.

◎ LE VAINQUEUR

Deux fois victorieux du tournoi des Jeux olympiques (1924, 1928), l'Uruguay est mis à l'honneur en organisant la première Coupe du monde de l'histoire. Les joueurs de la *Celeste* tiennent leur rang en disposant de l'Argentine 4 à 2 au stade Centenario de Montevideo.

Fiche d'identité

Pays organisateur : Uruguay.
Dates : du 13 au 30 juillet 1930.
Nombre de participants : 13.
Match d'ouverture : France/Mexique (4-1), le 13 juillet 1930.
Affluence : 434 500 spectateurs en 18 matchs (24 139 par match en moyenne).
Vainqueur : Uruguay.
Finaliste : Argentine.
Troisième : États-Unis.
Meilleur buteur : Guillermo Stábile (Argentine) avec 8 buts.
Joueurs emblématiques : Guillermo Stábile (Argentine), João Coelho Netto dit Preguinho (Brésil), Bertram Patenaude (États-Unis), Lucien Laurent (France), Pedro Cea (Uruguay).

Le gardien de but argentin est impuissant ici face à l'Uruguay. Quelques jours plus tard, les Uruguayens décrochent la première Coupe du monde de l'histoire (1930).

LA COUPE DU MONDE 1982

LA PASSE DE TROIS POUR L'ITALIE

Victorieuse en 1934 et 1938, l'Italie renoue avec la victoire en 1982 en Espagne. Un succès qui fait des Transalpins des alter ego du Brésil.

Fiche d'identité

Pays organisateur : Espagne.
Dates : du 13 juin au 11 juillet 1982.
Nombre de participants : 24.
Match d'ouverture : Belgique/Argentine (1-0), le 13 juin 1982.
Affluence : 2 109 723 spectateurs en 52 matchs (40 571 par match en moyenne).
Vainqueur : Italie.
Finaliste : république fédérale d'Allemagne (RFA).
Troisième : Pologne.
Meilleur buteur : Paolo Rossi (Italie) avec 6 buts.
Joueurs emblématiques : Diego Maradona (Argentine), Zico (Brésil), Luis Fernandez, Alain Giresse, Michel Platini, Jean Tigana (France), Paolo Rossi, Dino Zoff (Italie), Karl-Heinz Rummenigge (RFA).

LE FAIT MARQUANT

France et RFA sont à égalité 1 à 1 en demi-finale du Mondial. On joue la seconde période, et Patrick Battiston, défenseur français, se présente seul face au gardien Harald Schumacher. Ce dernier le percute aussi brutalement que volontairement. L'arbitre ne sort pas le rouge. Quant à Battiston, il quitte la pelouse inanimé. Cette décision changea très probablement le cours de l'histoire. Car la RFA, qui s'imposera aux tirs au but après un match nul 3-3, n'aurait sans doute pas eu la même efficacité en jouant à dix contre onze.

LE JOUEUR MARQUANT

Star de la Juventus de Turin aux côtés de Platini ou Boniek, Paolo Rossi est un maître artificier. Faisant mouche une fois sur deux, il fait le régal de la sélection italienne. Au sommet de son art cette année-là, Rossi « claque » but sur but durant la phase finale. Trois contre le Brésil, deux face à la Pologne et un dernier en finale devant la RFA (3-1) le consacrent meilleur buteur et meilleur joueur de la *Copa del Mundo* 82. En fin de saison, il remporte logiquement le Ballon d'or.

LE VAINQUEUR

Demi-finaliste en 1978 en Argentine, l'Italie se rattrape quatre ans plus tard en Espagne, non sans difficulté. Le premier tour est bouclé avec trois nuls contre la Pologne (0-0), le Pérou (1-1) et le Cameroun (1-1). Passant de justesse grâce à un but marqué de plus que le Cameroun, les Italiens battent par la suite l'Argentine, le Brésil, la Pologne et la RFA. Avec six buts, Paolo Rossi contribue nettement au succès de la *Squadra Azzurra*.

L'Italie est sacrée en 1982 en Espagne. Paolo Rossi, buteur de la sélection transalpine, trompe ici le gardien brésilien.

LA COUPE DU MONDE 1998

LA FRANCE POUR L'ÉTERNITÉ

Jamais victorieuse de cette compétition phare, la France réalise un tournoi sublime chez elle. Comble du rêve, elle bat le Brésil 3 à 0 en finale au Stade de France.

◎ LE FAIT MARQUANT

Au coup de sifflet final, les Français envahissent spontanément les rues pour fêter l'événement. Les Champs-Élysées sont pris d'assaut une longue partie de la nuit. On estimera à un million et demi le nombre de personnes défilant sur la plus belle avenue du monde. Les visages des joueurs et le slogan « La victoire est en nous » sont projetés sur la façade de l'Arc de triomphe.

◎ LE JOUEUR MARQUANT

Numéro 10 de l'équipe de France, Zinédine Zidane va devenir le héros de tout un pays. Lors de la finale face au Brésil, le meneur de jeu de la Juventus de Turin inscrit un doublé de la tête (27e et 45e) et conduit la France vers la victoire.

◎ LE VAINQUEUR

Inconstante en matchs amicaux, impériale en phase de poule, la France connaît les pires difficultés pour se hisser en finale. Il faut un but en or de Laurent Blanc en huitième, une séance de tirs au but en quart et deux buts improbables de Lilian Thuram en demie pour voir les Bleus aux portes de l'exploit. En finale, le Brésil fera pâle figure (3-0).

Fiche d'identité

Pays organisateur : France.
Dates : du 10 juin au 12 juillet 1998.
Nombre de participants : 32.
Match d'ouverture : Brésil/Écosse (2-1), le 10 juin 1998.
Affluence : 2 785 100 spectateurs en 64 matchs (43 517 par match en moyenne).
Vainqueur : France.
Finaliste : Brésil.
Troisième : Croatie.
Meilleur buteur : Davor Šuker (Croatie) avec 6 buts.
Joueurs emblématiques : Gabriel Batistuta (Argentine), Ronaldo (Brésil), Davor Šuker (Croatie), Fabien Barthez, Laurent Blanc, Didier Deschamps, Lilian Thuram, Zinédine Zidane (France), Roberto Baggio, Christian Vieri (Italie).

12 juillet 1998 : une date mémorable pour le football français. Christophe Dugarry, entouré des autres Bleus, soulève la Coupe du monde.

LA COUPE DU MONDE 2002

LA PASSE DE CINQ

Première nation à avoir décroché quatre Coupes du monde, le Brésil entre un peu plus dans l'histoire en remportant un cinquième trophée après ceux de 1958, 1962, 1970 et 1994.

Fiche d'identité

Pays organisateurs : Corée du Sud et Japon.
Dates : du 31 mai au 30 juin 2002.
Nombre de participants : 32.
Match d'ouverture : France/Sénégal (0-1), le 31 mai 2002.
Affluence : 2 705 197 spectateurs en 64 matchs (42 268 par match en moyenne).
Vainqueur : Brésil.
Finaliste : Allemagne.
Troisième : Turquie.
Meilleur buteur : Ronaldo (Brésil) avec 8 buts.
Joueurs emblématiques : Michael Ballack, Oliver Kahn, Miroslav Klose (Allemagne), Roberto Carlos, Rivaldo, Ronaldinho, Ronaldo (Brésil), Hong Myung-bo (Corée du Sud), Christian Vieri (Italie), Hakan Şükür (Turquie).

◎ LE FAIT MARQUANT

Tenante du titre, la France sombre dans le ridicule. Battue par le Sénégal en match d'ouverture (0-1) sans Zidane, blessé, elle n'a pas fini de toucher le fond. Les Bleus ne marqueront pas le moindre but, avec un nul face à l'Uruguay (0-0) et une défaite contre le Danemark (0-2), et sortiront par la petite porte.

◎ LE JOUEUR MARQUANT

Auteur de quatre buts en 1998, Ronaldo en inscrit le double quatre ans plus tard en Corée et au Japon. Décisif à chaque match ou presque, le Brésilien marque les deux buts victorieux en finale face à l'Allemagne. Avec un total de douze réalisations, il égale le total du roi Pelé.

◎ LE VAINQUEUR

Pour la cinquième fois de son histoire, le Brésil soulève le trophée Jules-Rimet. Jamais au cours de cette édition les Brésiliens ne furent en danger. À une seule reprise ils durent courir après le score (face à l'Angleterre, en quart). Pour le reste, ce fut une outrageuse domination ponctuée par une victoire logique en finale contre l'Allemagne (2-0).

Impuissant, Oliver Kahn ne peut que constater les dégâts. Ronaldo offre la victoire au Brésil en finale de la Coupe du monde 2002.

LA COUPE DU MONDE 2010

UNE PREMIÈRE AFRICAINE

Passée sur tous les autres continents jusqu'alors, la Coupe du monde n'avait jamais visité l'Afrique. C'est désormais chose faite avec cette édition en Afrique du Sud.

LE FAIT MARQUANT

Le 20 juin 2010, les joueurs de l'équipe de France protestent contre l'exclusion de Nicolas Anelka de la sélection pour avoir insulté le sélectionneur Raymond Domenech. Ce jour-là, ils refusent de descendre du bus pour se rendre à l'entraînement, devenant ainsi la risée du monde entier.

LE JOUEUR MARQUANT

116e minute de jeu de la finale : les Pays-Bas et l'Espagne sont dos à dos (0-0). Dans l'axe, à l'entrée de la surface, Cesc Fàbregas décale Andrés Iniesta sur la droite. Ce dernier enchaîne un contrôle du pied droit puis un tir croisé qui donne la victoire aux siens. Quatre minutes plus tard, il est porté en triomphe par ses coéquipiers.

LE VAINQUEUR

Souvent placée, jamais gagnante, l'Espagne remporte enfin la Coupe du monde. L'aventure n'aura pas été de tout repos pour les hommes de Vicente del Bosque. Battus par la Suisse en match d'ouverture (0-1), les Ibériques parviennent à se ressaisir. Une défense de fer (deux buts encaissés sur l'ensemble de la compétition) et une attaque réaliste permettent aux Espagnols de s'imposer dans ce dix-neuvième Mondial.

Fiche d'identité

Pays organisateur : Afrique du Sud.
Dates : du 11 juin au 11 juillet 2010.
Nombre de participants : 32.
Match d'ouverture : Afrique du Sud/ Mexique (1-1), le 11 juin 1910.
Affluence : 3 125 491 spectateurs en 64 matchs (48 835 par match en moyenne).
Vainqueur : Espagne.
Finaliste : Pays-Bas.
Troisième : Allemagne.
Meilleur buteur : Thomas Müller (Allemagne) avec 5 buts. Il devance David Villa (Espagne), Wesley Sneijder (Pays-Bas) et Diego Forlán (Uruguay), auteurs de 5 buts également, au nombre de passes décisives (3 pour Müller, 1 pour les suivants).
Joueurs emblématiques : Thomas Müller (Allemagne), Gonzalo Higuaín (Argentine), Iker Casillas, Andrés Iniesta, David Villa (Espagne), Wesley Sneijder (Pays-Bas), Diego Forlán (Uruguay).

À quelques minutes de la fin, Iniesta déclenche une volée du pied droit qui offre la Coupe du monde 2010 à l'Espagne face aux Pays-Bas.

L'EURO, PLUS RELEVÉ QUE LA COUPE DU MONDE

Réservé aux sélections européennes, le championnat d'Europe des nations est plus difficile encore à remporter que la Coupe du monde, toutes les meilleures équipes du Vieux Continent étant réunies dans le tournoi final.

LE TROPHÉE

Le trophée Henri-Delaunay porte le nom de celui qui avait émis l'idée de mettre en place l'épreuve. Décédé cinq ans avant la première édition, en 1960, il ne put assister à la naissance de l'Euro. Sur le trophée sont inscrits les noms des lauréats. Mais les vainqueurs n'emportent qu'une réplique plus petite. Le jour où une nation atteindra le nombre de cinq succès ou de trois sacres consécutifs, elle pourra repartir avec l'original.

L'ALLEMAGNE, LA DOYENNE

Non inscrite en 1960 et 1964, l'Allemagne est tout de même la nation qui a participé au plus grand nombre d'éditions. Elle est actuellement sur une série de 11 participations de rang. Finalistes à 3 reprises, les Allemands l'ont aussi emporté 3 fois (1972, 1980, 1996). Derrière, la Russie est la plus assidue avec 10 participations, suivie par l'Espagne et les Pays-Bas (9 fois), puis l'Angleterre, le Danemark, la France et l'Italie (8 fois).

LA PHASE FINALE

Jusqu'en 1976, la phase finale démarrait directement en demie. La phase de qualification, organisée d'abord en matchs aller-retour puis sous forme de poules, désignait les quatre demi-finalistes. La formule change à partir de 1980 : les premiers de deux groupes de quatre se qualifient directement pour la finale, les deux deuxièmes se disputant la troisième place. Si le schéma reste le même en 1984 en France, l'UEFA met en place des demi-finales afin de rendre le tournoi plus attractif. En 1996, en Angleterre, la compétition prend plus d'ampleur encore : seize équipes se qualifient ; réparties en quatre poules de quatre, elles cherchent à obtenir l'une des deux premières places pour se hisser en quart de finale. En 2016, en France, vingt-quatre équipes, divisées en six poules de quatre, seront en lice.

Accrochés par les Grecs en phase de poule, les Allemands remporteront tout de même l'Euro 1980. Le deuxième de leur histoire.

L'EURO 1960

L'UNION SOVIÉTIQUE PREMIÈRE DE CORDÉE

Le premier championnat d'Europe des nations organisé par l'UEFA est remporté par l'Union soviétique aux dépens de la Yougoslavie.

◎ LE FAIT MARQUANT

Pour cette première édition, les rencontres sont disputées par matchs aller-retour en huitième de finale et en quart. La suite de l'épreuve se déroule en France. Deux affiches se tiennent à Paris, et deux autres à Marseille. Ce n'est qu'en 1980 que le championnat d'Europe trouvera sa formule actuelle.

◎ LE JOUEUR MARQUANT

Viktor Ponedelnik : si cet avant-centre russe ne s'est pas particulièrement illustré au cours de sa carrière, il aura marqué le championnat d'Europe 1960 de son empreinte. Titulaire sur le front de l'attaque soviétique en finale, c'est lui qui, pendant la prolongation, donne l'avantage aux siens (2-1, 113e). Sept minutes plus tard, l'Union soviétique devient la première sélection nationale championne d'Europe.

◎ LE VAINQUEUR

Fondée en 1923, l'équipe d'Union soviétique devra patienter avant de parvenir à se mettre en évidence. Absente des cinq premières éditions de la Coupe du monde, elle enchaîne deux quarts de finale aux Mondiaux de 1958 et 1962. Entre-temps, elle décroche le titre de championne d'Europe. Son seul fait d'arme avant l'éclatement de l'Union soviétique en 1991.

Fiche d'identité

Pays organisateur : France.
Dates : du 6 au 10 juillet 1960.
Nombre de participants : 4.
Match d'ouverture : France/Yougoslavie (4-5), le 6 juillet 1960.
Affluence : 78 958 spectateurs en 4 matchs (19 740 par match en moyenne).
Vainqueur : Union soviétique.
Finaliste : Yougoslavie.
Troisième : Tchécoslovaquie.
Meilleurs buteurs : François Heutte (France), Valentin Ivanov, Viktor Ponedelnik (Union soviétique), Milan Galić (Yougoslavie) avec 2 buts.
Joueurs emblématiques : François Heutte, Jean Vincent, Maryan Wisnieski (France), Valentin Ivanov, Viktor Ponedelnik (Union soviétique), Milan Galić (Yougoslavie).

À la lutte pour le ballon, le Soviétique Ponedelnik prend le dessus. Son équipe s'impose 2 à 1 face à la Yougoslavie en prolongation.

Fiche d'identité

Pays organisateur : France.
Dates : du 12 juin au 27 juin 1984.
Nombre de participants : 8.
Match d'ouverture : France/Danemark (1-0), le 12 juin 1984.
Affluence : 604 795 spectateurs en 15 matchs (40 320 par match en moyenne).
Vainqueur : France.
Finaliste : Espagne.
Troisième : pas de finale pour la troisième place.
Meilleur buteur : Michel Platini (France) avec 9 buts.
Joueurs emblématiques : Andreas Brehme, Karl-Heinz Förster, Harald Schumacher, Rudi Völler (Allemagne), Frank Arnesen, Morten Olsen (Danemark), Alain Giresse, Michel Platini, Jean Tigana (France), Fernando Chalana, João Pinto (Portugal).

L'EURO 1984
LA FRANCE, ENFIN !

Bredouille jusqu'alors dans les grandes compétitions internationales, la France règne enfin sur l'Europe. Chez elle, elle domine l'Espagne en finale 2 à 0.

LE FAIT MARQUANT

En demi-finale, contre le Portugal, la France est aux portes de l'élimination. Menés 2 à 1 à la 98e sur un doublé de Jordão, les Bleus ne trouvent pas la faille. La délivrance intervient à la 114e minute. Auteur du premier but, Jean-François Domergue y va de son doublé pour remettre la France dans le coup. Le stade Vélodrome de Marseille et ses 54 848 spectateurs entrent en fusion lorsque, à une minute de la fin, Michel Platini trompe la vigilance du gardien Manuel Bento pour le but de la victoire (3-2).

LE JOUEUR MARQUANT

Au sommet de son art, Michel Platini porte quasiment à lui seul la destinée de l'équipe de France. En cinq rencontres, le capitaine des Bleus inscrit la bagatelle de neuf buts. Soit une moyenne incroyable de 1,8 but par match. Il réalise notamment deux triplés face à la Belgique (5-0) et à la Yougoslavie (3-2). En finale, son coup franc fait passer le cuir sous le ventre du gardien espagnol, Luis Arconada. Un geste encore dans toutes les mémoires.

LE VAINQUEUR

Demi-finaliste de la Coupe du monde en 1982, la France possède alors une génération exceptionnelle, chose qu'elle n'avait plus connue depuis 1958 et la troisième place en Suède. L'équipe pullule de joueurs plus talentueux les uns que les autres, tels Platini, Bats, Tigana, Fernandez, Giresse ou Rocheteau. Ce championnat d'Europe, elle va le maîtriser du début à la fin, non sans trembler toutefois en demi-finale contre le Portugal. Ce succès est l'apogée d'une équipe qui sera encore demi-finaliste de la Coupe du monde en 1986.

Finale de l'Euro 1984.
Platini vient de tirer un coup franc. Si Arconada semble en position d'arrêter le ballon, il va finalement se louper, laissant passer le cuir sous son ventre.

L'EURO 2000

L'INCROYABLE DOUBLÉ

Lauréate de la Coupe du monde 1998, la France entre un peu plus dans la légende en devenant la première nation à doubler Coupe du monde et Euro.

◎ LE FAIT MARQUANT

Sur le terrain depuis une demi-heure seulement, Sylvain Wiltord va devenir le sauveur de la France. L'Italie mène 1 à 0 en finale de l'Euro, et il ne reste que quelques secondes à jouer. Quand, soudain, Wiltord hérite du cuir à l'angle gauche de la surface. Il fixe Toldo et, d'un tir croisé, trompe ce dernier. Les Bleus s'offrent une prolongation *in extremis*. Dans le camp italien, les masques prennent la place des sourires, qui ne sont plus de circonstance. On connaît la suite.

◎ LE JOUEUR MARQUANT

Après l'exploit de Wiltord dans le temps additionnel, David Trezeguet devient le second héros français du jour. Tricolores et Transalpins doivent se départager en prolongation ou aux tirs au but. À la 113e minute, Robert Pires prend le couloir gauche et centre fort devant le but italien, à l'entrée de la surface de réparation. La reprise de volée de Trezeguet envoie le ballon dans la lucarne droite de Toldo. Grâce à ce but en or, la France est sur le toit de l'Europe.

◎ LE VAINQUEUR

Championne du monde en 1998, la France peine pour arracher son ticket à l'Euro dans le groupe 4 des qualifications, l'Ukraine et la Russie restant au contact jusqu'au bout (21 points pour la France, contre 20 et 19 pour les suivants). Une fois en Belgique et aux Pays-Bas, rien ne va contrarier les Bleus. Qualifiés dès leur deuxième match de poule, ils domptent l'Espagne sans souci en quart, puis doivent leur billet pour la finale à un but en or de Zidane contre le Portugal.

Fiche d'identité

Pays organisateurs : Belgique et Pays-Bas.
Dates : du 10 juin au 2 juillet 2000.
Nombre de participants : 16.
Match d'ouverture : Belgique/Suède (2-1), le 10 juin 2000.
Affluence : 1 122 833 spectateurs en 31 matchs (36 220 par match en moyenne).
Vainqueur : France.
Finaliste : Italie.
Troisième : pas de finale pour la troisième place.
Meilleurs buteurs : Patrick Kluivert (Pays-Bas) et Savo Milošević (Yougoslavie) avec 5 buts.
Joueurs emblématiques : Laurent Blanc, Thierry Henry, Patrick Vieira, Zinédine Zidane (France), Francesco Toldo, Francesco Totti (Italie), Patrick Kluivert (Pays-Bas), Nuno Gomes (Portugal), Savo Milošević (Yougoslavie).

Wiltord, Pires et Trezeguet, principaux acteurs du succès renversant de la France en finale de l'Euro 2000.

LA LIGUE DES CHAMPIONS, LA COUPE AUX GRANDES OREILLES

Mise en place par l'UEFA en 1955, la Ligue des champions réunit les champions des principaux pays européens. L'objectif de toute une saison pour les plus grands clubs.

L'ANECDOTE MARQUANTE

En 1990, un an avant la finale de Coupe des clubs champions européens perdue face à l'Étoile rouge de Belgrade à Bari, l'Olympique de Marseille a déjà l'occasion de se qualifier pour la finale. En demie, les Marseillais sont opposés au Benfica Lisbonne. Après un nul au match aller, l'OM se déplace au Portugal avec l'intention de passer. Hélas, les Olympiens vont être victimes d'une énorme supercherie : sur un corner en fin de rencontre, l'attaquant du Benfica Vata marque en boxant le ballon de la main ; l'arbitre se laisse duper, et les partenaires de Jean-Pierre Papin voient l'aventure s'arrêter aux portes de la finale à cause de ce que l'on appellera la « main de Vata ».

Benfica/Marseille.
Pendant que les Marseillais lèvent les bras pour protester, à l'image de Di Meco au centre, le Benfica Lisbonne exulte. Le but de la main de Vata est l'une des injustices flagrantes de l'histoire de la Ligue des champions.

LE JOUEUR MARQUANT

L'Espagnol Raúl est un attaquant de la race des très grands. Sur le terrain à 144 reprises en Ligue des champions, il a fait trembler les filets adverses 71 fois, soit presque un but tous les deux matchs. Ce qui constitue aujourd'hui encore un record. Raúl remportera la coupe à trois reprises sous le maillot du Real Madrid (1998, 2000, 2002).

FICHE D'IDENTITÉ

Organisateur : UEFA.
Date de création : 1955.
Autre nom : Coupe des clubs champions européens (1955-1992).
Nombre de participants : 32 qualifiés répartis en 8 poules de 4.
Club le plus titré : Real Madrid (9 victoires).
Joueur le plus titré : Francisco Gento (6 victoires).
Meilleur buteur : Raúl (71 buts).
Record de matchs pour un joueur : Raúl (144 apparitions).
Record de matchs pour un entraîneur : sir Alex Ferguson (202 matchs).

UN VAINQUEUR PAS COMME LES AUTRES

Si l'Écosse est réputée pour la qualité de son whisky, de ses saumons et de ses paysages, elle l'est un peu moins pour son football. Nation mineure du foot, elle a tout de même réussi une performance de choix en 1967 via le club du Celtic Glasgow. En 1967, le grand rival des Glasgow Rangers se hisse jusqu'en finale de la Coupe des clubs champions. Opposé à l'Inter Milan, le Celtic s'impose 2 à 1 grâce à des réalisations de Gemmell et Chalmers. C'est à ce jour l'unique succès d'un club écossais en Ligue des champions.

LA LIGUE DES CHAMPIONS 1993

L'OM AU ZÉNITH

Battu par l'Étoile rouge de Belgrade en 1991 lors de sa première finale, l'OM ne laissera pas passer sa chance une seconde fois. Et viendra à bout du grand Milan AC (1-0).

LE FAIT MARQUANT

Finalistes en 1956 (Reims), 1959 (Reims), 1976 (Saint-Étienne) et 1991 (OM), les clubs français sont toujours tombés sur plus fort. 1993 ne doit donc pas échapper à cette maudite règle. D'autant que face à l'armada marseillaise se dresse le Milan AC, la formation du puissant dirigeant sportif et politique Silvio Berlusconi.

LE JOUEUR MARQUANT

Deux ans plus tôt, Basile Boli et ses larmes de tristesse après la finale perdue aux tirs au but (5-3) face à l'Étoile rouge de Belgrade faisaient le tour des télés du monde. Cette fois-ci, point de larmes pour saluer la victoire des siens. Mais un coup de tête croisé à la 44e minute en finale contre le Milan AC. Le but de la victoire. Le défenseur français est alors érigé en héros dans les rues de Marseille. Aujourd'hui, sa popularité ne se dément pas.

LE VAINQUEUR

Après Reims et Saint-Étienne, Marseille n'est que le troisième club français à disputer une finale de Ligue des champions. Battus en 1991, les Olympiens ne laissent pas passer leur chance en 1993. Ne concédant aucun but lors des deux tours préliminaires, Marseille domine nettement sa poule avec trois victoires, trois nuls et seulement quatre buts encaissés. En finale, le Milan AC est favori. Mais le sort, ou plutôt Basile Boli, va en décider autrement.

Fiche d'identité

Lieu de la finale : stade olympique de Munich.
Date de la finale : 26 mai 1993.
Affluence : 64 400 spectateurs.
Durée de la compétition : du 16 septembre 1992 au 26 mai 1993.
Nombre de participants : 36.
Matchs joués : 81.
Vainqueur : Marseille.
Finaliste : Milan AC.
Meilleur buteur : Romário (PSV Heindoven) avec 7 buts.
Joueurs emblématiques : Basile Boli, Didier Deschamps, Abedi Pelé, Rudi Völler (Marseille), Franco Baresi, Paolo Maldini, Marco Van Basten (Milan AC), Romário (PSV Heindoven).

Basile Boli, héros malheureux en 1991, va ouvrir le score de la tête et offrir la Ligue des champions à l'OM. La seule victoire française à ce jour.

LA LIGUE DES CHAMPIONS 2002

LA NEUVIÈME DU REAL

Vainqueur de la première Coupe des clubs champions en 1956, le Real Madrid en gagna cinq de rang. En 2002, les Espagnols décrochent la neuvième de leur histoire. Un record.

Fiche d'identité

Lieu de la finale : Hampden Park, Glasgow.
Date de la finale : 15 mai 2002.
Affluence : 51 567 spectateurs.
Durée de la compétition : du 11 septembre 2001 au 15 mai 2002.
Nombre de participants : 32.
Matchs joués : 157.
Vainqueur : Real Madrid.
Finaliste : Bayer Leverkusen.
Meilleur buteur : Ruud Van Nistelrooy (Manchester United) avec 10 buts.
Joueurs emblématiques : Michael Ballack, Oliver Neuville (Bayer Leverkusen), Patrick Kluivert, Rivaldo, Javier Saviola (FC Barcelone), Fabien Barthez, Laurent Blanc, Gary Neville, Paul Scholes, Ruud Van Nistelrooy (Manchester United), Luís Figo, Fernando Morientes, Raúl, Zinédine Zidane (Real Madrid).

◎ LE FAIT MARQUANT

Le Barça et le Real s'opposent en demi-finale de la Ligue des champions pour les cinquième et sixième fois de leur histoire. Un double *clásico* qui tient en haleine l'Espagne, mais aussi toute l'Europe du foot. Les Madrilènes forgent leur qualification à l'aller à Barcelone : deux buts de Zidane et McManaman scellent la victoire du Real. Au retour, ils se contenteront d'un nul (1-1) à Santiago-Bernabéu.

LE JOUEUR MARQUANT

Leader incontesté du Real, Zinédine Zidane bonifie le jeu des Madrilènes. À la 45e minute de la finale, Roberto Carlos file dans le couloir gauche et centre à l'entrée de la surface de réparation pour Zizou, dont la reprise instantanée du gauche propulse le cuir en pleine lucarne. Un chef-d'œuvre qui permet au Real de vaincre le Bayer Leverkusen (2-1).

LE VAINQUEUR

Ligue des champions rime avec Real Madrid. Sur la planète football, personne ne parvient à faire aussi bien que les *Merengues*. Lors de cette édition, seul le Lokomotiv Moscou réussit à contester la suprématie du Real (2-0) dans un match de poule sans enjeu. Pour le reste, les « Galactiques » Figo, Zidane ou Roberto Carlos dominent la compétition de la tête et des épaules.

Real Madrid/Bayer Leverkusen. Fernando Hierro (à gauche), le capitaine madrilène, et Raúl (à droite) peuvent lever haut le trophée. Ils viennent de décrocher la neuvième Ligue des champions dans l'histoire du Real Madrid. Le record dans cette compétition.

LA LIGUE DES CHAMPIONS 2008

UN DUEL 100 % BRITISH

Après une finale 100 % espagnole en 2000 et une finale 100 % italienne en 2003, les Anglais font de même en 2008 avec un choc entre Manchester United et Chelsea.

◎ LE FAIT MARQUANT

Pour la troisième fois dans l'histoire de la Ligue des champions, deux formations d'un même pays s'affrontent en finale. Après Valence/Real Madrid en 2000 et Juventus de Turin/Milan AC en 2003, ce sont deux clubs anglais qui ont l'honneur d'en découdre au stade ultime de l'épreuve : les *Red Devils* de Manchester United sont opposés aux *Blues* de Chelsea.

◎ LE JOUEUR MARQUANT

Durant la compétition, Cristiano Ronaldo va démontrer à l'Europe du foot qu'il est déjà un footballeur accompli. Présent dans les rendez-vous importants, le Portugais est là, et bien là, lors de cette campagne 2008. Avec un total de huit buts, il finit d'ailleurs meilleur buteur de cette édition. Héros du huitième de finale retour contre Lyon (1-0), Ronaldo joue un rôle tout aussi important en finale en ouvrant le score.

◎ LE VAINQUEUR

Présent pour la troisième fois de son histoire à ce stade de la compétition, Manchester United réalise un sans-faute avec une troisième victoire après celles de 1968 et 1999. La plus difficile à obtenir, car Chelsea, le rival londonien, connaît parfaitement l'équipe mancunienne. Plus habitués à ce genre de rendez-vous, les hommes de sir Alex Ferguson sortent en héros après la séance de tirs au but, la prolongation n'ayant pu départager les deux formations (1-1). En arrêtant le pénalty de Nicolas Anelka, Edwin Van der Sar devient la star du jour.

Fiche d'identité

Lieu de la finale : stade Loujniki, Moscou.
Date de la finale : 21 mai 2008.
Affluence : 67 310 spectateurs.
Durée de la compétition : du 18 septembre 2007 au 21 mai 2008.
Nombre de participants : 32.
Matchs joués : 125.
Vainqueur : Manchester United.
Finaliste : Chelsea.
Meilleur buteur : Cristiano Ronaldo (Manchester United) avec 8 buts.
Joueurs emblématiques : Emmanuel Adebayor, Robin Van Persie (Arsenal), Christian Panucci, Francesco Totti (AS Rome), Didier Drogba, John Terry (Chelsea), Ryan Giggs, Cristiano Ronaldo, Wayne Rooney (Manchester United).

Manchester United/Chelsea. Habitués à en découdre dans leur championnat national, Wayne Rooney (en rouge) et Florent Malouda (en bleu) s'affrontent en finale de la Ligue des champions. Un premier duel 100 % anglais à ce stade de la compétition qui tournera en faveur des Mancuniens (1-1 et 6 tirs au but à 5).

LA COUPE D'AFRIQUE DES NATIONS, LE RENDEZ-VOUS D'UN CONTINENT FOU DE FOOT

Pendant trois semaines, une ambiance plus festive qu'à l'accoutumée gagne les terrains de football africains. Durant la Coupe d'Afrique des nations, chaque peuple ne vit plus qu'à travers la compétition et son équipe nationale.

L'ORIGINE DE LA CAN

La Coupe d'Afrique des nations (Can) et la Confédération africaine de football (Caf) ont une trajectoire commune. À la naissance de cette dernière, en juin 1956, l'idée de mettre en place une Can germe tout de suite dans la tête des dirigeants africains. C'est l'Égyptien Abdelaziz Abdallah Salem, premier président de la Confédération africaine de football, qui en est l'instigateur principal. Sa proposition est d'abord rejetée par la Fifa. Devant ce refus, il quitte le congrès de Lisbonne, où se tient la réunion, accompagné du président soudanais. Cette rébellion fait changer d'avis la Fifa. Très vite l'appellation *Coupe d'Afrique* est adoptée ; quant au trophée, il portera le nom d'Abdelaziz Abdallah Salem. La première édition a lieu un an plus tard, en 1957.

Après une séance de tirs au but riche en émotion, l'Égypte peut être heureuse. Les Pharaons décrochent la Can 2006. La cinquième de leur histoire.

COMMENT SE QUALIFIER ?

En 1957, seuls les quatre pays membres de la Confédération africaine de football sont engagés : l'Afrique du Sud, l'Égypte, l'Éthiopie et le Soudan. Mais l'Afrique du Sud, qui refuse de composer une équipe multiraciale, est exclue du tournoi.
À partir de 1962, d'autres nations, comme l'Ouganda et la Tunisie, sont affiliées à la Caf. On décide alors de mettre en place une phase éliminatoire par matchs aller-retour. Et ce jusqu'en 1992, date à partir de laquelle le football africain se cale sur le modèle du championnat d'Europe ou de la Coupe du monde.
La phase qualificative met aux prises quatre à sept équipes par groupe selon le nombre d'inscrits. Seize équipes se retrouvent pour le tournoi final, qui a lieu tous les deux ans.

L'ÉGYPTE SUR LE TOIT DE L'AFRIQUE

En vingt-huit éditions de la Coupe d'Afrique des nations, c'est l'Égypte qui est le pays le plus récompensé avec sept trophées. Le premier a d'ailleurs été décroché lors de la première édition de la Can, en 1957, contre le Soudan. L'Égypte remet ça deux ans plus tard sous le nom de *République arabe unie*, qui réunit Syriens et Égyptiens. Puis l'équipe des « Pharaons » va connaître une longue période de disette, avant de refaire surface au milieu des années 1980. Victorieuse en 1986 puis en 1998, l'Égypte réalise un triplé historique en s'adjugeant le trophée en 2006, 2008 et 2010. Un fait unique dans le football africain. Avant cela, seuls le Ghana (1963, 1965) et le Cameroun (2000, 2002) étaient parvenus à un doublé.

LA COUPE D'AFRIQUE DES NATIONS 2010

LA PASSE DE SEPT POUR L'ÉGYPTE

En l'emportant 1 à 0 en finale contre le Ghana, l'Égypte décroche sa septième Can et s'offre un triplé historique.

◎ LE FAIT MARQUANT

Deux jours avant l'ouverture de la compétition, à la frontière du Congo et de l'Angola, le bus de l'équipe nationale du Togo est attaqué par les Forces de libération de l'État du Cabinda. Deux membres de l'encadrement meurent dans cet attentat, tandis que deux joueurs sont gravement blessés. Le 9 janvier, la sélection togolaise se retire officiellement de la Can 2010. Suspendu dans un premier temps, le Togo participera finalement aux éliminatoires de l'édition 2012, sans réussir à se qualifier.

◎ LE JOUEUR MARQUANT

Meilleur buteur de cette édition avec cinq buts, Mohamed Nagy, surnommé « Gedo », devient un héros au soir du quart de finale contre le Cameroun : c'est lui qui place l'Égypte en position de force grâce à son but durant la prolongation. Il accédera au statut de dieu vivant en finale, face au Ghana, en exploitant l'une de ses rares occasions pour ouvrir le score à la 85e minute et donner la victoire aux siens.

◎ LE VAINQUEUR

Dans un climat plus délétère que jamais à la suite de l'attaque subie par le Togo, la Coupe d'Afrique des nations 2010 a bien lieu. Après six matchs et quinze buts inscrits, l'Égypte remporte sa septième Can, la troisième de suite. Un cas unique dans l'histoire de l'épreuve. Intraitables durant la phase finale, les Égyptiens n'encaissent que deux buts. Le premier est l'œuvre du Nigérian Obadi en poule ; le second, en quart de finale, est marqué par le pauvre Hassan contre son camp.

Fiche d'identité

Pays organisateur : Angola.
Dates : du 10 au 31 janvier 2010.
Nombre de participants : 15.
Match d'ouverture : Angola/Mali (4-4), le 10 janvier 2010.
Affluence : 493 500 spectateurs en 29 matchs (17 017 par match en moyenne).
Vainqueur : Égypte.
Finaliste : Ghana.
Troisième : Nigeria.
Meilleur buteur : Mohamed Nagy (Égypte) avec 5 buts.
Joueurs emblématiques : Flávio Amado (Angola), Achille Emana (Cameroun), Ahmed Hassan, Mohamed Nagy (Égypte), Éric Mouloungui (Gabon), André Ayew, Asamoah Gyan, Richard Kingson (Ghana), Frédéric Kanouté, Seydou Keita (Mali).

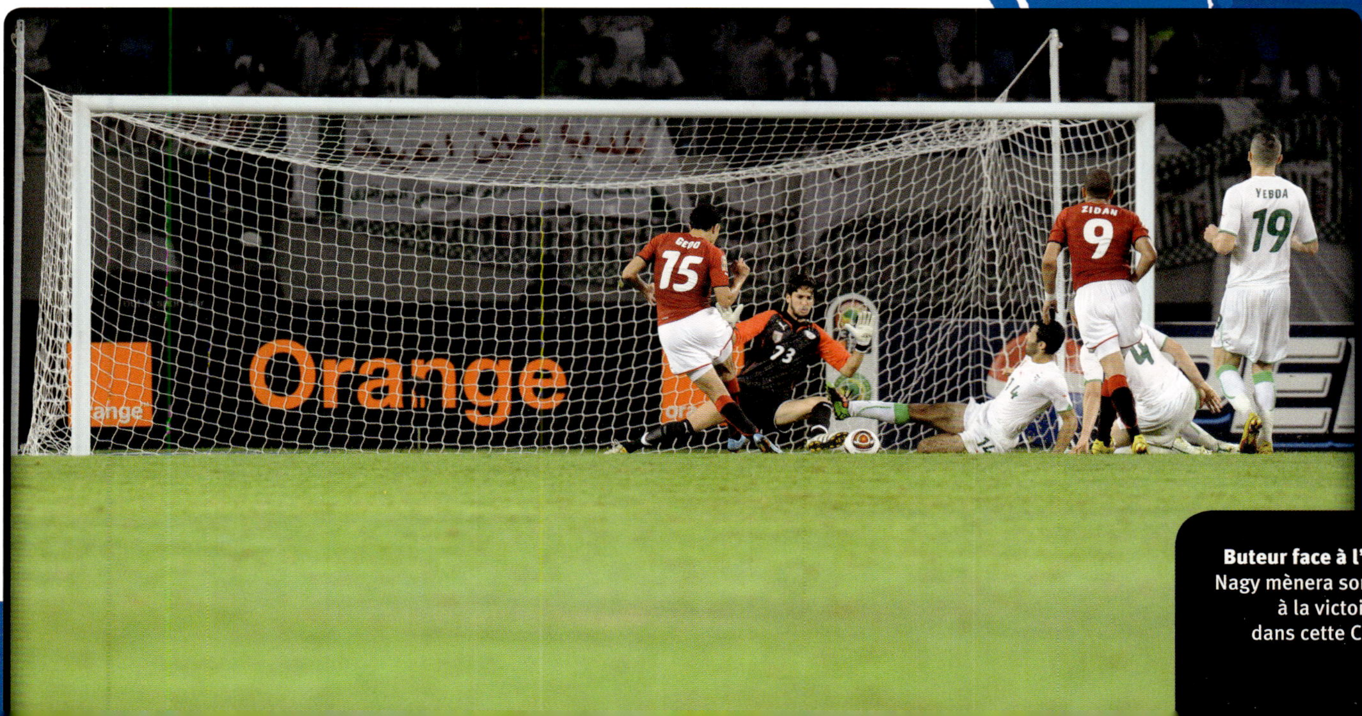

Buteur face à l'Algérie, Nagy mènera son équipe à la victoire finale dans cette Can 2010.

LA COPA AMÉRICA, UNE ÉPREUVE VIEILLE DE DEUX SIÈCLES !

Créée en 1916, la Copa América est la plus vieille compétition internationale de football. À l'origine, l'Argentine l'organisa pour célébrer le centenaire de son indépendance.

UNE COMPÉTITION SUR INVITATION

La Confédération sud-américaine de football, ou Conmebol, compte dix nations : l'Argentine, la Bolivie, le Brésil, le Chili, la Colombie, l'Équateur, le Paraguay, le Pérou, l'Uruguay et le Venezuela. Afin de proposer trois poules de quatre et de faciliter ainsi la lisibilité de la compétition, deux sélections nationales supplémentaires venant de la Concacaf (Confédération de football d'Amérique du Nord, d'Amérique centrale et des Caraïbes) ou même de la Confédération asiatique de football sont invitées à disputer l'épreuve. À ce jour, le Costa Rica, les États-Unis, le Honduras, le Mexique et le Japon ont été invités. Aucun de ces pays ne l'a jamais emporté. Le Mexique, deuxième en 1993 et 2001, troisième en 1997, 1999 et 2007, est celui qui honore le mieux ses invitations.

LA FORMULE

Trois poules de quatre équipes sont formées pour le premier tour. Toutes les équipes s'affrontent une fois. La victoire donne trois points, le nul un point, la défaite zéro point. À l'issue de leurs trois rencontres, les formations se classant aux deux premières places se hissent en quart de finale. Pour arriver à huit nations, les deux meilleurs troisièmes sont repêchés. Débute alors un tournoi classique à élimination directe, des quarts de finale à la finale.

DES BUTEURS EFFICACES

En quarante-trois éditions, deux attaquants sont parvenus à inscrire dix-sept buts. Il s'agit du Brésilien Zizinho et de l'Argentin Norberto Méndez. Mais la performance de ce dernier est plus notable encore, car il a atteint ce total en trois éditions seulement (1945, 1946, 1947) contre six pour le Brésilien. Parmi les footballeurs de ces dernières années, l'Argentin Gabriel Batistuta compte treize buts (1991, 1993, 1995), et le Brésilien Ronaldo dix (1995, 1997, 1999).

Nations-phares de la zone sud-américaine, le Brésil et l'Argentine ne se sont affrontés que quatre fois en finale pour deux victoires chacun. Ici, en 2007, Mineiro (5) prend le dessus sur Cambiasso et l'Argentine pour un succès 3 à 0.

LA COPA AMÉRICA 2011

L'URUGUAY FORCE 15 !

Victorieuse du Paraguay 3 à 0, l'Uruguay remporte la Copa América pour la quinzième fois de son histoire. Un record absolu !

LE FAIT MARQUANT

Le 16 juillet 2011, l'Argentine défie l'Uruguay dans son stade du Brigadier-Général-Estanislao-López, à Santa Fe, en quart de finale de l'épreuve. Après l'ouverture du score uruguayenne (5e), l'Argentine égalise par Higuaín (17e). Balbutiant son football, l'*Albiceleste* bute sur le portier de l'Uruguay et ne trouve pas la solution. La décision se fait aux tirs au but, à l'issue desquels l'Argentine sort par la petite porte. C'est la première fois depuis 1999 qu'elle échoue à ce stade de la compétition.

LE JOUEUR MARQUANT

Auteur de quatre buts et de deux passes décisives, Luis Suárez est désigné meilleur joueur de la compétition. Star du foot uruguayen au même titre que Diego Forlán, Suárez a une grande influence sur son équipe. Avant cette Copa América 2011, l'attaquant de Liverpool s'est illustré à la Coupe du monde 2010, signant deux buts contre la Corée du Sud pour permettre à l'Uruguay d'accéder aux quarts de finale. Lors du tour suivant, face au Ghana, il se montre de nouveau décisif en empêchant le ballon d'entrer dans son but à la 120e minute... à l'aide des mains. La *Celeste* de Suárez s'inclinera en demi-finale face aux Pays-Bas et finira quatrième du tournoi.

LE VAINQUEUR

L'Uruguay humilie le Paraguay en finale 3 à 0 grâce à un doublé de Diego Forlán et à un but de Luis Suárez. Placés dans le groupe C, les Uruguayens sortent en deuxième position derrière le Chili avant de réaliser le parcours que l'on connaît. Ce succès en finale est le 15e de l'histoire pour l'Uruguay sur les 43 éditions. Un record, devant l'Argentine (14) et le Brésil (8) !

Fiche d'identité

Pays organisateur : Argentine.
Dates : du 1er au 24 juillet 2011.
Nombre de participants : 12.
Match d'ouverture : Argentine/Bolivie (1-1), le 1er juillet 2011.
Affluence : inconnue.
Vainqueur : Uruguay.
Finaliste : Paraguay.
Troisième : Pérou.
Meilleur buteur : Paolo Guerrero (Paraguay) avec 5 buts.
Joueurs emblématiques : Sergio Agüero, Gonzalo Higuaín, Lionel Messi (Argentine), Fred, Ganso (Brésil), Falcao (Colombie), Paolo Guerrero, Justo Villar (Paraguay), Sebastián Coates, Diego Forlán, Luis Suárez (Uruguay).

Uruguay/Paraguay. Vainqueur parfois oublié de deux Coupes du monde (1930 et 1950), l'Uruguay demeure l'une des nations fortes de son continent. En 2011, les partenaires de Diego Forlán, ici avec la Copa América dans les mains, ont rapporté le trophée sur leurs terres pour la quinzième fois. Jusqu'à présent, personne n'a fait mieux en Amérique du Sud.

LES JEUX OLYMPIQUES, LA COURSE AUX LAURIERS

Remporter une Coupe du monde, un championnat d'Europe ou une Copa América est une consécration dans une carrière de footballeur. L'épreuve olympique, longtemps réservée aux amateurs, a un côté plus symbolique malgré le prestige des Jeux.

UNE VIEILLE HISTOIRE

Le football apparaît aux Jeux olympiques dès 1896, à Athènes. Exception faite de l'Égypte en 1920, le tournoi est ouvert aux seules nations européennes. Il faut attendre 1924 pour voir un élargissement de la compétition. L'Uruguay enlève le titre cette année-là, avant de doubler la mise en 1928. Loin d'être populaire en Amérique du Nord, le foot n'est pas au programme des Jeux de 1932, pour l'unique fois de son histoire ; par la suite, un tournoi sera organisé à chaque olympiade. Anglais et Hongrois sont les plus titrés, avec trois succès chacun. En 1996, les femmes se voient aussi proposer un tournoi olympique, remporté par les États-Unis.

Quatre ans après son premier titre olympique, la Hongrie double la mise en 1968 en disposant de la Bulgarie en finale (4-1).

DEZSŐ NOVÁK, TRIPLEMENT MÉDAILLÉ

Il est des joueurs dont l'amour du maillot national n'est pas à démontrer ; le Hongrois Dezső Novák en fait assurément partie. Médaillé de bronze avec la Hongrie en 1960 à Rome, l'arrière droit de Ferencváros fait plus fort encore quatre ans plus tard au Japon : la formation magyare s'y impose en finale aux dépens de la Tchécoslovaquie (2-1). Toujours avec Novák, la Hongrie entre dans l'histoire en 1968, au Mexique, avec un nouveau succès olympique. Novák devient ainsi le premier et unique joueur à ce jour à glaner trois médailles olympiques en football.

PRIME À LA JEUNESSE

Depuis la première édition, en 1896, les Jeux olympiques étaient réservés aux footballeurs amateurs. Aucun ne devait avoir connu les joies d'une compétition internationale telle que la Coupe du monde, le championnat d'Europe ou la Copa América. Ce n'est qu'en 1992, devant le succès croissant de l'épreuve, que la Fifa a admis la participation de tous les joueurs de moins de 23 ans, plus trois joueurs de plus de 23 ans. En 2008, des stars comme Lionel Messi pour l'Argentine, Gervinho pour la Côte d'Ivoire ou Giuseppe Rossi pour l'Italie sont venues faire montre de leur talent.

LES JEUX OLYMPIQUES 1984

LA FRANCE EN OR

À l'issue d'un tournoi incroyablement relevé, le Brésil, archifavori, chute face à la France 2 à 0 pour le seul titre olympique des Bleus à ce jour.

◎ LE FAIT MARQUANT

Malchanceuse à la Coupe du monde 1982 en Espagne, la France est la nation dominante du football en cette année 1984. Trois de ses sélections seront à l'honneur : au Festival international espoirs de Toulon, dit Tournoi de Toulon, les jeunes Bleus sortent vainqueurs ; un mois et demi plus tard, la France remet ça avec les pros lors de l'Euro disputé à domicile (2-0 contre l'Espagne en finale) ; la boucle est bouclée à la mi-août quand l'équipe de France olympique bat le Brésil 2 à 0 en finale des Jeux de Los Angeles.

◎ LE JOUEUR MARQUANT

Attaquant du RC Lens en 1984, Daniel Xuereb était un joueur redoutable du championnat français. Formant un duo efficace avec François Brisson, celui que l'on surnommait « monsieur Xu » mit la France sur la voie du succès lors du match d'ouverture en égalisant contre le Qatar (2-2). Il se révélera décisif par la suite avec un doublé en quart face à l'Égypte (2-0), puis un but en demie devant la Yougoslavie (4-2). Les Brésiliens ne purent l'arrêter en finale, Xuereb marquant le second but français (62e), synonyme de titre olympique.

◎ LE VAINQUEUR

Placée dans le groupe de la Norvège, du Chili et du Qatar, la France sort en tête avec un bilan de deux nuls et d'une victoire (2-1 contre la Norvège). Aux tours suivants, l'Égypte et la Yougoslavie ne pèsent pas plus lourd, même si cette dernière pousse les Bleus à jouer une prolongation. En finale, le onze tricolore dispose du Brésil grâce à Brisson et à Xuereb (2-0). Une finale de rêve devant plus de cent mille personnes.

Fiche d'identité

Pays organisateur : États-Unis.
Dates : du 29 juillet au 11 août 1984.
Nombre de participants : 16.
Match d'ouverture : Norvège/Chili (0-0), le 29 juillet 1984.
Affluence : 1 424 832 spectateurs en 32 matchs (44 512 par match en moyenne).
Vainqueur : France.
Finaliste : Brésil.
Troisième : Yougoslavie.
Meilleurs buteurs : Daniel Xuereb (France), Borislav Cvetković et Stjepan Deverić (Yougoslavie) avec 5 buts.
Joueurs emblématiques : Dunga, Mauro Galvão, Gilmar Popoca (Brésil), Guy Lacombe, Albert Rust, Daniel Xuereb (France), Borislav Cvetković, Stjepan Deverić (Yougoslavie).

Victorieuse du Brésil 2 à 0 en finale des JO 1984, la France pose pour la postérité avec la médaille d'or autour du cou.

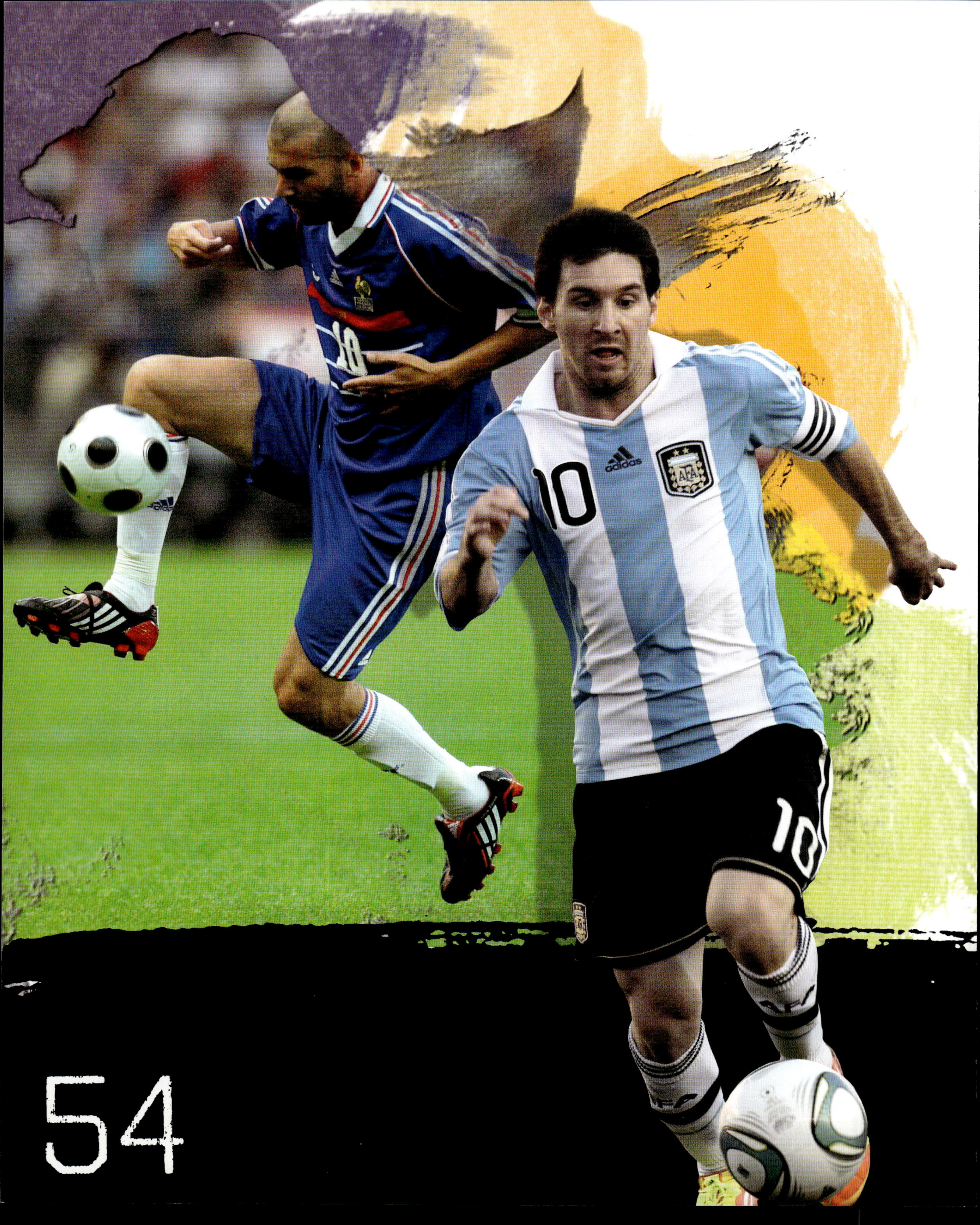
10
adidas
10
10

LES GRANDS DU FOOTBALL

Pelé, Platini, Cantona, Zidane... Des meilleures sélections nationales aux grands clubs européens en passant par les joueurs les plus talentueux, voici une palette de ceux qui ont fait et font aujourd'hui encore la planète football.

L'AJAX AMSTERDAM
LE FOOTBALL TOTAL

Jouant d'un seul bloc, toute l'équipe de l'Ajax était portée vers l'avant ou en défense. Doté de joueurs excellents physiquement et tactiquement, ce club régna longtemps aux Pays-Bas et en Europe avant de baisser un peu de niveau.

Fiche d'identité

Date de fondation : 18 mars 1900.
Stade : Amsterdam Arena.
Capacité actuelle : 51 628 places.
Record d'affluence : 49 125 spectateurs en 2008 contre le Feyenoord Rotterdam.
Surnoms : les Lanciers, les Ajacides, les *Godenzonen* (fils des dieux).
Palmarès : Coupe des Pays-Bas (1917, 1943, 1961, 1967, 1970 à 1972, 1979, 1983, 1986, 1987, 1995, 1998, 2002, 2006, 2007, 2010), championnat des Pays-Bas (1918, 1919, 1931, 1932, 1934, 1937, 1939, 1947, 1957, 1960, 1966 à 1968, 1970, 1972, 1973, 1977, 1979, 1980, 1982, 1983, 1985, 1990, 1994 à 1996, 1998, 2002, 2004, 2011, 2012), Ligue des champions (1971 à 1973, 1995), Supercoupe d'Europe (1972, 1973), Coupe intercontinentale (1972, 1995), Coupe des coupes (1987), Coupe de l'UEFA (1992).
Joueurs emblématiques : Dennis Bergkamp, Johan Cruyff, Edgar Davids, Frank et Ronald De Boer, Patrick Kluivert, Ronald Koeman, Brian et Michael Laudrup, Johan Neeskens, Johnny Rep, Frank Rijkaard, Clarence Seedorf, Sjaak Swart, Marco Van Basten, Edwin Van der Sar.

LES DÉBUTS

Créé le 18 mars 1900, l'Ajax Amsterdam fait partie des trois plus grands clubs des Pays-Bas. L'aventure débute en troisième division néerlandaise. Il faudra attendre 1911 pour voir l'Ajax se hisser au plus haut échelon national. Sept ans plus tard, en 1918, l'Ajax remporte le championnat pour la première fois de sa jeune histoire, en finissant invaincu ! Un exploit réitéré en 1996. Depuis la création de leur club, les « Ajacides » ont remporté trente-et-un titres nationaux.

LE JOUEUR MARQUANT

Sjaak Swart est l'un des monuments de l'Ajax. Porteur du numéro 8, cet ailier droit débute sous le maillot rouge et blanc à l'âge de 18 ans. Il ne le quittera qu'à 35 ans, après 603 matchs et 217 buts. En presque vingt ans, entre 1956 et 1973, il gagnera huit titres nationaux, quatre Coupes des Pays-Bas, trois Coupes des clubs champions européens, deux Supercoupes de l'UEFA et une Coupe intercontinentale.

LE GRAND EXPLOIT

Le 13 mai 1992, après un nul 2-2 sur le terrain du Torino à l'aller, l'Ajax concède un 0-0 lors du match retour de la finale de la Coupe de l'UEFA. Grâce aux deux buts marqués en Italie, les Néerlandais remportent le trophée. Ils rejoignent la Juventus de Turin en devenant le deuxième club de l'histoire à décrocher à la fois la Coupe des clubs champions européens (1971 à 1973), la Coupe des coupes (1987) et la Coupe de l'UEFA (1992).

Ajax Amsterdam/Manchester United, 2012. Incapables de sortir de la phase de poule de la Ligue des champions, l'Ajax et Manchester United s'affrontent en seizième de finale de la Ligue Europa. Les Anglais enlèvent ce duel 3 à 2 sur l'ensemble des deux matchs.

L'AS SAINT-ÉTIENNE

EN VERT ET CONTRE TOUT !

Club le plus populaire de France avec l'Olympique de Marseille ou le Paris Saint-Germain, l'AS Saint-Étienne est la première formation à avoir fait vibrer la France du foot à travers ses performances européennes.

◎ LES DÉBUTS

L'histoire de l'AS Saint-Étienne débute en 1933 avec l'accession de Pierre Guichard à la tête du club. Ce n'est que vingt-quatre ans plus tard, en 1957, qu'arrive le premier trophée avec un titre de champion de France. La ferveur autour des Verts s'installe alors dans le Forez, mais aussi dans la France entière. Les dix titres de champion de France ou la finale de la Coupe des clubs champions européens en 1976 n'éteindront pas cette passion, bien au contraire ! Aujourd'hui encore, Saint-Étienne est un des clubs de France les plus aimés et les plus suivis.

◎ LE JOUEUR MARQUANT

Pendant huit saisons, Dominique Rocheteau va porter le maillot des Verts. D'une grande élégance sur le terrain, rapide et efficace sur son aile droite, il devient très vite la coqueluche de Geoffroy-Guichard. Sa belle gueule et sa longue chevelure le rendent tout aussi populaire auprès des femmes. Surnommé l'Ange Vert, Rocheteau sera de l'épopée européenne de 1976 et remportera également trois titres de champion de France. Il quittera le Forez après 153 matchs et 51 buts.

◎ LE (PRESQUE) GRAND EXPLOIT

Dix fois champion de France, Saint-Étienne veut décrocher la timbale en coupe d'Europe. Les Verts ne sont pas loin d'y arriver le 12 mai 1976, lors de la finale à l'Hampden Park de Glasgow, en Écosse. Opposée au Bayern Munich de Gerd Müller, l'ASSE tape sur les fameux poteaux carrés et manque de réussir. Les Allemands font mouche sur l'une de leurs seules occasions et l'emportent 1 à 0. À leur retour en France, les Verts descendent les Champs-Élysées en héros malheureux.

Fiche d'identité

Date de fondation : 1919.
Stade : Geoffroy-Guichard.
Capacité actuelle : 35 616 places.
Record d'affluence : 47 747 spectateurs le 11 mai 1985 contre Lille.
Surnoms : l'ASSE, les Verts.
Palmarès : coupe Charles-Drago (1955, 1958), championnat de France (1957, 1964, 1967 à 1970, 1974 à 1976, 1981), Challenge des champions (1957, 1962, 1967 à 1969), Coupe de France (1962, 1968, 1970, 1974, 1975, 1977), championnat de France de D2 (1963, 1999, 2004).
Joueurs emblématiques : Ivan Curkovic, René Domingo, Robert Herbin, Salif Keita, Jean-Michel Larqué, Michel Platini, Johnny Rep, Hervé Revelli, Dominique Rocheteau, Willy Sagnol.

AS Saint-Étienne/Bayern Munich, 1976. Toute la bonne volonté de Patrick Revelli n'y fera rien. Après une campagne européenne idyllique, Saint-Étienne se casse les dents sur le Bayern Munich en finale de la Coupe des clubs champions (1-0).

LE FC BARCELONE

« MÉS QUE UN CLUB »

Ambassadeur de la Catalogne, le FC Barcelone est « plus qu'un club ». Faisant la fierté de millions de supporteurs dans le monde, il possède l'un des plus beaux palmarès du football.

Fiche d'identité

Date de fondation : 29 novembre 1899.
Stade : Camp Nou.
Capacité actuelle : 99 354 places.
Record d'affluence : 120 000 spectateurs le 5 mars 1986 contre la Juventus de Turin.
Surnoms : le Barça, les *Blaugranas* (bleu et grenat).
Palmarès : Coupe d'Espagne (1910, 1912, 1913, 1920, 1922, 1925, 1926, 1928, 1942, 1951 à 1953, 1957, 1959, 1963, 1968, 1971, 1978, 1981, 1983, 1988, 1990, 1997, 1998, 2009), championnat d'Espagne (1929, 1945, 1948, 1949, 1952, 1953, 1959, 1960, 1974, 1985, 1991 à 1994, 1998, 1999, 2005, 2006, 2009 à 2011), Coupe des coupes (1979, 1982, 1989, 1997), Supercoupe d'Espagne (1983, 1991, 1992, 1994, 1996, 2005, 2006, 2009 à 2011), Ligue des champions (1992, 2006, 2009, 2011), Supercoupe de l'UEFA (1992, 1997, 2009, 2011), Coupe du monde des clubs (2009, 2011).
Joueurs emblématiques : Paulino Alcántara, Txiki Begiristain, Johan Cruyff, Zoltán Czibor, Luís Figo, Josep Guardiola, Thierry Henry, Xavi Hernández, Andrés Iniesta, Sándor Kocsis, Ronald Koeman, László Kubala, Michael Laudrup, Miguel Reina, Carles Rexach, Rivaldo, Romário, Ronaldinho, Ronaldo, Eduardo Manchón, Diego Maradona, Lionel Messi, Migueli, Julio Alberto Moreno, Johan Neeskens, Carles Puyol, Julio Salinas, Hristo Stoitchkov, Luis Suárez, Andoni Zubizarreta.

LES DÉBUTS

Le premier match, disputé en 1900, se solde par une défaite 1 à 0 face à une équipe d'Anglais expatriés en Espagne. Composé en grande majorité d'étrangers, le FC Barcelone connaît très vite d'excellents résultats, sans concrétiser pour autant. Ce n'est qu'en 1910 que les Catalans décrochent leur premier succès en Coupe du roi (3-2 contre le Club Español de Madrid). En 1912 arrive celui qui sera l'un des plus grands joueurs du Barça : Paulino Alcántara. Le premier titre en championnat intervient en 1929. Le début d'une longue série.

LE JOUEUR MARQUANT

Lionel Messi. Pas encore au niveau de Pelé, car moins rayonnant en sélection nationale, l'Argentin n'en demeure pas moins un phénomène. À 25 ans, il a déjà inscrit 253 buts en 329 rencontres sous le maillot barcelonais. Tout en battant les records les uns après les autres. Le plus récent ? Un quintuplé lors de la Ligue des champions 2012 face à Leverkusen. Lionel Messi est déjà détenteur de trois Ballons d'or consécutifs !

LE GRAND EXPLOIT

2009. Cette année-là, rien ni personne ne résiste au FC Barcelone. Le club rafle six trophées, ce qui est un cas unique dans le football. À peine arrivé à la tête de l'équipe première, Josep Guardiola réalise des merveilles. Fraîchement vainqueur de la Coupe du roi, le Barça réussit un incroyable triplé en conquérant aussi le championnat et la Ligue des champions. Et ce n'est pas fini ! À la reprise de la saison, en août, Barcelone sort victorieux de la Supercoupe d'Espagne et de la Supercoupe d'Europe. La boucle est bouclée à l'issue de la finale de la Coupe du monde des clubs, remportée contre Estudiantes de La Plata (2-1).

Joueur peu médiatisé, le milieu offensif ou attaquant Pedro Rodríguez Ledesma, dit Pedro, n'en demeure pas moins une des pièces maîtresses du FC Barcelone.

LA JUVENTUS DE TURIN

LE ROYAUME DE LA FAMILLE AGNELLI

Aimée aux quatre coins de l'Italie et de l'Europe, la Juventus de Turin doit une grande partie de sa réussite au riche industriel Gianni Agnelli.

◎ LES DÉBUTS

La Juventus de Turin voit le jour le 1er novembre 1897 grâce à un groupe de jeunes étudiants turinois. Après une longue période de rencontres amicales, la Juve entre en compétition officielle en 1900. C'est après huit années seulement au plus haut niveau qu'elle remporte son premier *scudetto* (championnat). Le grand tournant a lieu le 24 juillet 1923 lorsque la richissime famille Agnelli rachète la formation turinoise. Armée financièrement, la Juventus enchaîne alors les succès en Italie et en Europe.

◎ LE JOUEUR MARQUANT

Alessandro Del Piero. De la race des attaquants purs, l'Italien a disputé 705 matches pour 289 buts, ce qui en fait le meilleur buteur du club. Adulé par les *tifosi*, il est de ces joueurs, au même titre que Buffon, qui n'ont pas abandonné la Juve lorsqu'elle fut rétrogradée en Série B en 2006. À 38 ans, Del Piero fait partie de l'équipe victorieuse du titre 2012 en Série A, le cinquième de sa carrière avec la Juventus de Turin.

◎ LE GRAND EXPLOIT

En 2011-2012, année de son 28e titre de championne d'Italie, la Juventus réalise un incroyable exploit : n'ayant perdu aucune rencontre au cours des 38 journées de Série A, la « Vieille Dame » bat le record du Milan AC, invaincu lors de la saison 1991-1992, mais sur 34 journées.

Fiche d'identité

Date de fondation : 1er novembre 1897.
Stade : Juventus Stadium.
Capacité actuelle : 41 000 places.
Record d'affluence : 65 237 spectateurs le 10 avril 1985 contre Bordeaux.
Surnoms : la Juve, la Vieille Dame, les *Bianconeri* (blanc et noir), *la fidanzata d'Italia* (la fiancée de l'Italie).
Palmarès : championnat d'Italie (1905, 1926, 1931 à 1935, 1950, 1952, 1958, 1960, 1961, 1967, 1972, 1973, 1975, 1977, 1978, 1981, 1982, 1984, 1986, 1995, 1997, 1998, 2002, 2003, 2012), Coupe d'Italie (1938, 1942, 1959, 1960, 1965, 1979, 1983, 1990, 1995), Coupe de l'UEFA (1977, 1990, 1993), Coupe des coupes (1984), Supercoupe de l'UEFA (1984, 1996), Ligue des champions (1985, 1996), Coupe intercontinentale (1985, 1996), Supercoupe d'Italie (1995, 1997, 2002, 2003), championnat de Série B (2007).
Joueurs emblématiques : Roberto Baggio, Roberto Bettega, Gianluigi Buffon, Mauro Camoranesi, Antonio Conte, Alessandro Del Piero, Didier Deschamps, Paolo Montero, Pavel Nedved, Michel Platini, Pietro Rava, Omar Sívori, David Trezeguet, Zinédine Zidane, Dino Zoff.

Chaque club possède une figure emblématique. Alessandro Del Piero, ici face à Vicence en 2006, fut l'un des artisans des grands succès de la Juventus.

LIVERPOOL

« YOU'LL NEVER WALK ALONE »

Liverpool est connu pour son équipe autant que pour la ferveur de ses supporteurs. La reprise du chant *You'll Never Walk Alone* (vous ne marcherez jamais seuls) en est la plus belle preuve.

Fiche d'identité

Date de fondation : 15 mars 1892.
Stade : Anfield.
Capacité actuelle : 45 276 places.
Record d'affluence : 61 905 spectateurs le 2 février 1952 face à Wolverhampton.
Surnoms : les *Reds* (rouges), les *Merseysiders* (l'équipe de la Mersey).
Palmarès : championnat d'Angleterre de D2 (1894, 1896, 1905, 1962), championnat d'Angleterre de D1 (1901, 1906, 1922, 1923, 1947, 1964, 1966, 1973, 1976, 1977, 1979, 1980, 1982 à 1984, 1986, 1988, 1990), Community Shield (1964 à 1966, 1974, 1976, 1977, 1979, 1980, 1982, 1986, 1988 à 1990, 2001, 2006), Coupe d'Angleterre (1965, 1974, 1986, 1989, 1992, 2001, 2006), Coupe de l'UEFA (1973, 1976, 2001), Ligue des champions (1977, 1978, 1981, 1984, 2005), Supercoupe de l'UEFA (1977, 2001, 2005), Coupe de la Ligue (1981 à 1984, 1995, 2001, 2003, 2012).
Joueurs emblématiques : Matt Busby, Ian Callaghan, Jamie Carragher, Ray Clemence, Kenny Dalglish, Robbie Fowler, Steven Gerrard, Alan Hansen, Gordon Hodgson, Emlyn Hughes, Roger Hunt, Robbie Keane, Kevin Keegan, Billy Liddell, Michael Owen, Ian Rush, Fernando Torres.

◎ LES DÉBUTS

Le Liverpool Football Club voit le jour le 15 mars 1892. Pour leur premier match officiel, le 3 septembre 1892, les *Reds* s'imposent 8 à 0 devant Higher Walton. Ce n'est qu'en 1895 que Liverpool intègre la *First Division* (la future *Premier League*). Six ans plus tard, l'équipe de la Mersey décroche le titre. Dans les années 1930, de grands joueurs comme Matt Busby ou Gordon Hodgson vont marquer l'histoire du club.

◎ LE JOUEUR MARQUANT

L'Écossais Kenny Dalglish prend la direction de Liverpool en 1977 après cinq titres sous le maillot des Glasgow Rangers. Pendant quatorze ans, il va faire le bonheur des *Reds*. Disputant 501 matchs pour 169 buts, cet attaquant remporte trois Coupes des clubs champions européens, sept championnats d'Angleterre et contribue plus que jamais à la renommée de Liverpool en Europe. Il en deviendra l'entraîneur de 1985 à 1991, puis de nouveau en 2011-2012.

◎ LE GRAND EXPLOIT

Le 25 mai 2005, Liverpool dispute la finale de la Ligue des champions face au Milan AC. À la pause, les Italiens mènent déjà 3 à 0 et filent vers un succès facile. C'est compter sans la volonté et la rage des Britanniques : marquant trois buts en six minutes par Gerrard, Smicer et Alonso (3-3, 60e), puis maîtrisant la séance de tirs au but, Liverpool l'emporte à l'issue du plus incroyable retour dans une finale européenne.

Les *Reds* et Steven Gerrard peuvent exploser de joie. À l'issue d'un surprenant retour, ils remportent la Ligue des champions 2005 aux tirs au but contre Milan.

MANCHESTER UNITED

LES DIABLES ROUGES

Club le plus supporté et le plus riche du monde, Manchester United est aussi celui qui a obtenu le plus de victoires dans son pays, avec dix-neuf titres nationaux.

LES DÉBUTS

Le club est créé en 1878 sous le nom de Newton Heath LYR FC. C'est en 1902 qu'il prend le nom de Manchester United et se pare de ses couleurs officielles : le rouge et le noir. Les Mancuniens obtiennent leur premier titre de champions d'Angleterre en 1908 et décrochent la Coupe d'Angleterre l'année d'après. Dans la foulée, le club s'installe dans son stade aujourd'hui mythique d'Old Trafford. La suite est moins faste. Les années 1920-1930 voient Manchester United végéter en deuxième division. Les *Red Devils* ne remonteront dans l'élite qu'en 1939. L'arrivée de l'entraîneur Matt Busby, en 1945, va révolutionner le club. Manchester se met alors à dominer le football anglais.

LE JOUEUR MARQUANT

Transféré de Leeds United à Manchester United en 1992, Éric Cantona va passer six saisons sous le maillot mancunien, devenant une véritable star. Très vite surnommé « *Eric the King* » par les supporteurs, Cantona a droit à *La Marseillaise* chaque fois qu'il pénètre sur la pelouse d'Old Trafford. Frappé de son numéro 7 dans le dos, « Canto » décroche notamment quatre titres de champion d'Angleterre. En 2001, il est désigné joueur du siècle par les supporteurs de Manchester United.

LE GRAND EXPLOIT

Au cours de la saison 1998-1999, Manchester United réussit la plus belle performance du football anglais en réalisant un quadruplé. Les joueurs de sir Alex Ferguson commencent par une victoire en finale de la Coupe d'Angleterre contre Newcastle (2-0). Un mois plus tard, les *Red Devils* sont sacrés champions grâce à un succès lors de la dernière journée face à Tottenham (2-1). Et ce n'est pas fini. Le 26 mai 1999, en finale de la Ligue des champions, alors qu'ils sont menés 1 à 0 par le Bayern Munich, les Mancuniens égalisent et prennent l'avantage dans les arrêts de jeu. La boucle est bouclée le 30 novembre quand MU s'impose en finale de la Coupe intercontinentale.

Col relevé, brassard de capitaine autour du bras, Cantona a écrit les plus belles pages de Manchester United. Il a d'ailleurs été élu meilleur joueur de l'histoire des *Red Devils*.

Fiche d'identité

Date de fondation : 1878.
Stade : Old Trafford.
Capacité actuelle : 75 787 places.
Record d'affluence : 76 098 spectateurs le 31 mai 2007 face aux Blackburn Rovers.
Surnoms : les *Red Devils* (diables rouges), MU, United.
Palmarès : championnat d'Angleterre (1908, 1911, 1952, 1956, 1957, 1965, 1967, 1993, 1994, 1996, 1997, 1999 à 2001, 2003, 2007 à 2009, 2011), Community Shield (1908, 1911, 1952, 1956, 1957, 1983, 1993, 1994, 1996, 1997, 2003, 2007, 2008, 2010, 2011), Coupe d'Angleterre (1909, 1948, 1963, 1977, 1983, 1985, 1990, 1994, 1996, 1999, 2004), championnat de D2 (1936, 1975), Ligue des champions (1968, 1999, 2008), Coupe des coupes (1991), Supercoupe de l'UEFA (1991), Coupe de la Ligue (1992, 2006, 2009, 2010), Coupe intercontinentale (1999), Coupe du monde des clubs (2008).
Joueurs emblématiques : David Beckham, George Best, Steve Bruce, Éric Cantona, Bobby Charlton, Ryan Giggs, Mark Hughes, Roy Keane, Denis Law, Gary Neville, Bryan Robson, Cristiano Ronaldo, Wayne Rooney, Peter Schmeichel, Paul Scholes.

LE MILAN AC

LE FOOTBALL À L'ITALIENNE

Le maillot rayé rouge et noir fait la fierté de nombreux *tifosi*. Avec dix-huit titres de champion et une tactique ultradéfensive appelée le *catenaccio*, le Milan AC est l'un des trois clubs les plus récompensés d'Italie.

Fiche d'identité

Date de fondation : 16 décembre 1899.
Stade : Giuseppe-Meazza (nom officiel) ou San Siro (nom usuel).
Capacité actuelle : 80 018 places.
Record d'affluence : 80 802 spectateurs en mars 1991 contre l'Inter Milan.
Surnoms : le Milan, *i Rossoneri* (les rouge et noir), *il Diavolo* (le diable), *i Casciavit* (les tournevis).
Palmarès : championnat d'Italie (1901, 1906, 1907, 1951, 1955, 1957, 1959, 1962, 1968, 1979, 1988, 1992 à 1994, 1996, 1999, 2004, 2011), Coupe latine (1951, 1956), Ligue des champions (1963, 1969, 1989, 1990, 1994, 2003, 2007), Coupe d'Italie (1967, 1972, 1973, 1977, 2003), Coupe des coupes (1968, 1973), Coupe intercontinentale (1969, 1989, 1990), championnat de Série B (1981, 1983), Supercoupe d'Italie (1988, 1992 à 1994, 2004, 2011), Supercoupe d'Europe (1989, 1990, 1994, 2003, 2007), Coupe du monde des clubs (2007).
Joueurs emblématiques : Demetrio Albertini, Carlo Ancelotti, Franco Baresi, Andreï Chevtchenko, Alessandro Costacurta, Roberto Donadoni, Ruud Gullit, Zlatan Ibrahimović, Filippo Inzaghi, Kaká, Nils Liedholm, Cesare Maldini, Paolo Maldini, Alessandro Nesta, Andrea Pirlo, Frank Rijkaard, Gianni Rivera, Sebastiano Rossi, Mauro Tassotti, Marco Van Basten, George Weah.

LES DÉBUTS

Très vite, le Milan AC domine le football italien en décrochant trois titres entre 1901 et 1907 avec Herbert Kilpin à sa tête. Les deux guerres mondiales auront un effet catastrophique sur le club *rossonero*, qui devra attendre 1951 pour obtenir un quatrième titre. Les années cinquante verront le Milan AC sacré à quatre reprises, notamment grâce à son trio offensif suédois Gunnar Gren/Gunnar Nordahl/Nils Liedholm.

LE JOUEUR MARQUANT

Un quart de siècle. C'est le temps qu'aura passé Paolo Maldini au Milan AC. Fidèle et présent pendant 902 rencontres, le défenseur se forge le plus beau palmarès de l'histoire du Milan. Au soir de son ultime match, le 31 mai 2009 face à la Fiorentina, la direction des *Rossoneri* décide, en hommage, de ne plus attribuer son maillot, le numéro 3. Comme cela a été fait avec le numéro 6 de Franco Baresi.

LE GRAND EXPLOIT

La saison 1991-1992 s'achève sur le sacre du Milan AC en championnat. Le douzième de son histoire. Pour la première année de Fabio Capello en tant qu'entraîneur, les Milanais réussissent l'exploit de finir la saison invaincus, avec 22 victoires et 12 nuls pour 78 buts marqués et seulement 21 encaissés.

Milan AC/Inter, 2011.
À la lutte pour le titre avec son rival interiste, le Milan AC fait un grand pas vers le titre en s'imposant 3 à 0. Tout à sa joie, Pato inscrira un doublé décisif pour le *scudetto*.

L'OLYMPIQUE DE MARSEILLE

DROIT AU BUT

La première et unique victoire française en Ligue des champions et la ferveur des supporteurs : voilà ce qui fait de l'Olympique de Marseille un club si particulier.

LES DÉBUTS

L'Olympique de Marseille a été fondé en 1899 par René Dufaure de Montmirail. Les premiers trophées nationaux n'arrivent qu'en 1924, avec une victoire en Coupe de France. En 1927, le club phocéen est le premier à réaliser un triplé dans cette épreuve. Intégré au championnat de France professionnel en 1932, l'OM décroche son premier titre de champion en 1937.

LE JOUEUR MARQUANT

Auteur de 184 buts en 7 ans sous le maillot marseillais, Jean-Pierre Papin aura été l'un des grands joueurs de l'histoire de l'OM, marquant les esprits à de multiples reprises. À commencer lors de la finale de la Coupe de France 1989, face à Monaco, où son triplé offrit le trophée aux siens (4-3). Sa bise au président de la République François Mitterrand reste dans les mémoires.

LE GRAND EXPLOIT

Munich, le 26 mai 1993. À l'Olympiastadion, le Milan AC et l'Olympique de Marseille disputent la finale de la Ligue des champions. Pour la deuxième fois de son histoire, l'OM va tenter de rapporter un trophée qui fuit la France depuis toujours. On joue la 45e minute lorsque, sur un corner tiré par Abedi Pelé, Basile Boli, d'un puissant coup de tête, envoie le ballon en pleine lucarne. Marseille l'emporte 1 à 0 et entre dans l'histoire.

DROIT AU BUT

Fiche d'identité

Date de fondation : 1899.
Stade : Vélodrome.
Capacité actuelle : 60 031 places.
Record d'affluence : 58 897 spectateurs le 6 mai 2004 contre Newcastle.
Surnoms : l'OM, les Olympiens, les Phocéens.
Palmarès : Coupe de France (1924, 1926, 1927, 1935, 1938, 1943, 1969, 1972, 1976, 1989), championnat de France (1937, 1948, 1971, 1972, 1989 à 1992, 2010), Ligue des champions (1993), championnat de France de D2 (1995), coupe Intertoto (2005), Trophée des champions (2010, 2011), Coupe de la Ligue (2010 à 2012).
Joueurs emblématiques : Gunnar Andersson, Fabien Barthez, Larbi Benbarek, Laurent Blanc, Basile Boli, Didier Deschamps, Didier Drogba, Enzo Francescoli, Roger Magnusson, Jean-Pierre Papin, Abedi Pelé, Josip Skoblar, Chris Waddle, Mario Zatelli.

Club français le plus populaire, l'OM est de retour au premier plan. En bon capitaine, Steve Mandanda soulève ici la troisième Coupe de la Ligue de suite pour les Marseillais.

LE REAL MADRID

BIENVENUE À LA MAISON BLANCHE !

Alors que le FC Barcelone est un club proche du peuple, le Real Madrid se veut plus élitiste. Intéressé uniquement par l'excellence, le club de la capitale a décroché trente-deux titres nationaux dans son histoire. Un record en *Liga*.

Fiche d'identité

Date de fondation : 6 mars 1902.
Stade : Santiago-Bernabéu.
Capacité actuelle : 81 254 places.
Record d'affluence : 85 000 spectateurs le 14 février 1960 contre Nice.
Surnoms : la Maison Blanche, les Galactiques, les *Merengues* (meringues).
Palmarès : Coupe d'Espagne (1905 à 1908, 1917, 1934, 1936, 1946, 1947, 1962, 1970, 1974, 1975, 1980, 1982, 1989, 1993, 2011), championnat d'Espagne (1932, 1933, 1954 à 1958, 1961, 1963 à 1965, 1967 à 1969, 1972, 1975, 1976, 1978 à 1980, 1986 à 1990, 1995, 1997, 2001, 2003, 2007, 2008, 2012), Ligue des champions (1956 à 1960, 1966, 1998, 2000, 2002), Coupe intercontinentale (1960, 1998, 2002), Coupe de l'UEFA (1985, 1986), Supercoupe d'Espagne (1988 à 1990, 1993, 1997, 2001, 2003, 2008), Supercoupe de l'UEFA (2002).
Joueurs emblématiques : David Beckham, Karim Benzema, Santiago Bernabéu, Emilio Butragueño, Roberto Carlos, Iker Casillas, Alfredo Di Stéfano, Luís Figo, Francisco Gento, Fernando Hierro, Raymond Kopa, Míchel, Ferenc Puskás, Manolo Sanchís, Raúl, Fernando Redondo, Ronaldo, Cristiano Ronaldo, Hugo Sánchez, Zinédine Zidane.

LES DÉBUTS

Le Real Madrid voit le jour le 6 mars 1902 et s'impose très rapidement sur le territoire national. Le Real est à l'origine de la création, dans les années 1900, de la Coupe du roi, qui fait alors office de championnat. Il n'est pas non plus étranger à la fondation de la fédération espagnole en 1909. Si les premiers grands titres sont gagnés dans l'entre-deux-guerres, il faudra attendre le cœur des années cinquante, et le mythique président Santiago Bernabéu, pour que le Real se fasse véritablement connaître.

LE JOUEUR MARQUANT

En 1953, l'Argentin Alfredo Di Stéfano est la première star étrangère à rejoindre le club *merengue*. Associé à d'autres grands joueurs comme Kopa ou Puskás, Di Stéfano emmène très vite le Real vers les sommets du foot national (3 titres) et européen (2 Coupes latines, 5 Coupes des clubs champions européens lors des 5 premières éditions). Avant d'être dépassé par Raúl dans les années 2000 (323 buts), Alfredo Di Stéfano a été le meilleur buteur du club (307 réalisations) pendant de nombreuses années.

LE GRAND EXPLOIT

La saison 1989-1990 du championnat d'Espagne s'achève sur la victoire du Real Madrid. Le cinquième titre de suite – un cas unique en *Liga* – pour l'équipe madrilène, que l'on surnomme alors *la quinta del Buitre* (la quinte du Vautour) en raison des cinq chefs de file que sont Manolo Sanchís, Martín Vázquez, Míchel, Miguel Pardeza et Emilio Butragueño, dit le Vautour. Du milieu à la fin des années 1980, ces cinq hommes vont contribuer à rapporter pas moins de onze titres au sein de la « Maison Banche ».

Le Real Madrid champion d'Espagne 2012. Dauphins du FC Barcelone depuis trois saisons, les Madrilènes goûtent enfin au titre national. L'exploit est d'autant plus grand que le Real est le premier club ibérique à être sacré en obtenant 100 points au classement final.

LE STADE DE REIMS

DU FOOTBALL CHAMPAGNE !

Un collectif parfaitement huilé, des joueurs talentueux et presque tous sélectionnés en équipe de France : voilà ce qui a fait le succès du Stade de Reims, premier grand cru français.

LES DÉBUTS

Le 18 juin 1931, le Stade de Reims voit le jour sous la direction de René Humbert. Le premier match des Rouge et Blanc, le 23 août 1931, se conclut par une victoire 7 à 2 face au FC Reims. Le Britannique David Harrison est à la tête de l'équipe fanion. Le Suisse Schnebeli, le Hongrois Markusz et les Britanniques Lee et Crookes sont les premiers footballeurs professionnels étrangers en France. Le premier trophée des Champenois survient en 1949 en championnat de France.

LE JOUEUR MARQUANT

Arrivé au Stade de Reims en 1945, Robert Jonquet aura porté à 502 reprises le maillot rouge et blanc pour 9 buts marqués. Joueur emblématique du club, ce défenseur respecté par tous porte tout naturellement le brassard de capitaine au cours de la grande époque rémoise. Lorsqu'il s'en va, en 1960, Robert Jonquet a remporté 5 titres de champion de France et 2 Coupes de France.

LE (PRESQUE) GRAND EXPLOIT

Triple champion de France, Reims est invité à participer à la première Coupe des clubs champions européens de l'histoire lors de la saison 1955-1956. Victorieux des Danois de l'AGF Århus en huitième de finale, des Hongrois du Budapest Vörös Lobogó SE en quart et des Écossais de l'Hibernian FC en demie, le Stade de Reims se hisse en finale face au Real Madrid. Après avoir mené 2 à 0 au Parc des Princes, les Marnais s'inclinent finalement 4 à 3.

Fiche d'identité

Date de fondation : 18 juin 1931.
Stade : Auguste-Delaune.
Capacité actuelle : 21 684 places.
Record d'affluence : 27 774 spectateurs le 2 juin 1987 contre l'Olympique de Marseille.
Surnom : les Rouge et Blanc.
Palmarès : championnat de France (1949, 1953, 1955, 1958, 1960, 1962), Coupe de France (1950, 1958), Coupe latine (1953), Challenge des champions (1955, 1958, 1960, 1966), championnat de France de D2 (1966), championnat de France de National (2004).
Joueurs emblématiques : Albert Batteux, Carlos Bianchi, Dominique Colonna, Just Fontaine, Michel Hidalgo, Robert Jonquet, Raymond Kopa, Roger Marche, Lucien Muller, Armand Penverne, Roger Piantoni, Jean Vincent.

Les héros champenois posent ici pour la postérité. Quelques heures plus tard, le Real Madrid s'imposera 4 à 3.

ALFREDO DI STÉFANO

UNE FINE GÂCHETTE

Fiche d'identité

Date et lieu de naissance : 4 juillet 1926, Buenos Aires (Argentine).
Surnoms : la Flèche Blonde, le Divin Poumon.
Nationalité : hispano-argentin.
Taille et poids : 1,78 m, 71 kg.
Poste : attaquant.
Clubs successifs : River Plate, Huracán, River Plate, Millonarios, Real Madrid, Espanyol Barcelone.
Palmarès : champion d'Argentine en 1945 et 1947 (River Plate), vainqueur de la Copa América en 1947 (Argentine), champion de Colombie en 1949 et de 1951 à 1953 (Millonarios), vainqueur de la Coupe de Colombie en 1953 (Millonarios), champion d'Espagne en 1954, 1955, 1957, 1958 et de 1961 à 1964 (Real Madrid), vainqueur de la Coupe latine en 1955 et 1957 (Real Madrid), vainqueur de la Coupe des clubs champions européens de 1956 à 1960 (Real Madrid), Ballon d'or en 1957 et 1959, vainqueur de la Coupe intercontinentale en 1960 (Real Madrid), vainqueur de la Coupe d'Espagne en 1962 (Real Madrid).

Des yeux de lynx, une capacité à mettre ses partenaires en valeur doublée d'un véritable sens du but : Alfredo Di Stéfano reste l'un des premiers grands buteurs de l'histoire.

SON ENFANCE

Alfredo Di Stéfano Laulhé passe son enfance dans le quartier portuaire de Barracas, à Buenos Aires. Il plonge dans le football dès son plus jeune âge puisque son père est le cofondateur du club de River Plate. À 7 ans, il chausse ses premiers crampons dans l'équipe d'Unidos y Venceremos. Une lettre de recommandation de sa mère lui ouvre les portes de River Plate à l'âge de 18 ans.

LE JOUEUR

Jusqu'alors, aucun joueur n'a proposé un tel style de jeu. Di Stéfano est bon à la fois techniquement, avec un pied droit aussi fort que le gauche et un excellent jeu de tête, et tactiquement. Ballon au pied, il fait preuve d'une rapidité hors normes, et son charisme naturel lui permet de pousser ses équipiers bien au-delà de leurs limites. De grandes qualités dont Di Stéfano tirera le meilleur. En témoignent ses nombreux trophées et un total de 639 buts.

SON GRAND EXPLOIT

Pendant dix ans, Di Stéfano reste fidèle aux couleurs du Real Madrid. Il verra son compteur buts s'arrêter à 307 réalisations sous le maillot *merengue*. En 2008, les supporteurs lui montrent qu'ils ne l'ont pas oublié en le désignant meilleur joueur de l'histoire du Real devant Zidane et Raúl.

Di Stéfano prend le dessus sur le Rémois René-Jean Jacquet et conduit les siens sur la voie du succès. La première Ligue des champions va ainsi au Real Madrid.

LEV YACHINE
LA PANTHÈRE NOIRE

Tout de noir vêtu, aussi rapide et agile qu'un félin, le Russe Lev Yachine est sans conteste le plus grand gardien de l'histoire du football.

SON ENFANCE
Élevé à la dure, Lev Yachine travaille dès l'âge de 13 ans en tant qu'apprenti dans une usine de la banlieue moscovite. C'est dans l'équipe de l'usine qu'il s'adonne à la pratique du football pour la première fois. Après avoir goûté à tous les postes, Yachine s'essaie à celui de gardien. Très vite il tape dans l'œil des recruteurs du Dynamo Moscou. Il intègre son club de toujours en 1950, mais ne deviendra titulaire que trois ans plus tard.

LE JOUEUR
Il n'était pas rare de voir Lev Yachine, excellent au pied, en dehors de sa surface pour contrer les offensives adverses. Plus souple que n'importe qui, il était excellent sur sa ligne et dans l'exercice des pénaltys. Avant lui, personne n'avait eu l'audace de boxer les ballons au lieu de tenter des arrêts à deux mains. Le Russe fut aussi le premier à dégager rapidement le ballon pour accélérer le jeu. Jamais avant lui un gardien n'avait eu un jeu aussi complet.

SON GRAND EXPLOIT
Dans les airs ou sur sa ligne, Lev Yachine n'avait pas de rival. En 1963, sa régularité est récompensée par l'obtention du Ballon d'or, remis alors au meilleur joueur européen. À ce jour, le Russe demeure le seul gardien à avoir reçu cette distinction suprême.

Fiche d'identité

Date et lieu de naissance : 22 octobre 1929, Moscou (Russie).
Date et lieu de décès : 21 mars 1990, Moscou (Russie).
Surnoms : la Panthère Noire, l'Araignée Noire.
Nationalité : russe.
Taille et poids : 1,84 m, 82 kg.
Poste : gardien de but.
Club : Dynamo Moscou.
Palmarès : vainqueur de la Coupe d'URSS en 1953, 1967 et 1970, champion d'URSS en 1954, 1955, 1957, 1959 et 1963 (Dynamo Moscou), champion olympique en 1956 (URSS), gardien européen de l'année en 1956, 1957, de 1959 à 1961 et de 1963 à 1966, champion d'Europe des nations en 1960 (URSS), Ballon d'or en 1963.

Impeccable sur sa ligne de but, Yachine faisait le spectacle avec de somptueux arrêts. En finale de l'Euro 1960, la Yougoslavie se heurte au talent du Russe.

EDSON ARANTES DO NASCIMENTO, DIT PELÉ

LE ROI

1 281 buts. Un chiffre qui résume à lui seul ce qu'a été le « roi Pelé » dans le monde du football. Une légende.

SON ENFANCE

Fils de Dondinho et Celeste, Pelé passe son enfance à Bauru, dans l'État de São Paulo. Il accompagne régulièrement son père lors de ses entraînements de football. Très vite, le futur crack se prend d'amour pour le ballon rond. Repéré par Waldemar de Brito, l'entraîneur de l'équipe de jeunes de Bauru, il va le suivre au Santos FC. Il n'a que 15 ans, et c'est le début d'une longue et belle aventure.

LE JOUEUR

La légende du football, c'est lui, sans aucun doute. Il est celui à qui chacun voudrait ressembler. Physiquement et techniquement au-dessus des autres, il était aussi doté d'un excellent jeu de tête. Le voir évoluer sur la pelouse était un spectacle à lui seul. Le Brésilien était capable de remonter le terrain sans l'aide de quiconque pour tromper le gardien adverse. Pelé est l'unique joueur à avoir remporté trois Coupes du monde.

SON GRAND EXPLOIT

Il y en a eu tellement ! En distinguer un serait impossible, car la carrière entière du « roi Pelé » est à souligner. Toutefois, un chiffre résume parfaitement l'ensemble de l'œuvre du Brésilien : en 1 363 parties, il a inscrit la bagatelle de 1 281 buts, soit près d'un but par rencontre.

Fiche d'identité

Date et lieu de naissance : 23 octobre 1940, Três Coracões (Brésil).
Surnom : le roi Pelé.
Nationalité : brésilien.
Taille : 1,73 m, 74 kg.
Poste : attaquant.
Clubs successifs : Santos FC, New York Cosmos.
Palmarès : champion de l'État de São Paulo en 1956, 1959, de 1960 à 1962, en 1964, 1965, de 1967 à 1969 et en 1973 (Santos FC), champion du monde en 1958, 1962 et 1970 (Brésil), vainqueur de la Copa Libertadores en 1961 et 1962 (Santos FC), vainqueur de la Coupe du Brésil de 1961 à 1965 (Santos FC), vainqueur de la Coupe intercontinentale en 1962 et 1963 (Santos FC), vainqueur de la Recopa Sudamericana en 1968 (Santos FC), champion des États-Unis en 1977 (New York Cosmos).

Pelé va laisser passer le ballon et surprendre le gardien. Hélas, le tir croisé de l'attaquant n'est pas victorieux, le cuir frôlant le poteau alors que le but était grand ouvert.

FRANZ BECKENBAUER
UN DÉFENSEUR HORS PAIR

Fidèle au Bayern Munich pendant plus de dix ans, Beckenbauer sera l'un des premiers, avec Pelé, à exporter son talent dans le championnat américain.

SON ENFANCE
Élevé en Bavière, dans le sud de l'Allemagne, Franz est fils de postier. Après des débuts en tant qu'attaquant au SC Munich 1906, il intègre la section espoirs du Bayern Munich alors qu'il n'a que 13 ans. Baladé de poste en poste, le Bavarois est très vite repositionné milieu de terrain, avant de redescendre d'un cran.

LE JOUEUR
S'il était aussi doué techniquement que tactiquement, ses capacités physiques étaient un peu justes pour soutenir un effort pendant quatre-vingt-dix minutes. Beckenbauer sera rapidement replacé en défense. Dès lors son talent éclatera au grand jour, et l'Allemand se forgera l'un des plus beaux palmarès du football.

SA SPÉCIALITÉ
Milieu de terrain défensif puis libéro, Franz Beckenbauer n'en aimait pas moins le jeu offensif. Régulièrement aux avant-postes sur les corners, il inscrivit près de quatre-vingts buts en vingt saisons.

SON GRAND EXPLOIT
Vainqueur de la Coupe du monde en 1974 avec la sélection allemande, il est à ce jour le seul, avec le Brésilien Mário Zagallo, à avoir remporté cette épreuve en tant que joueur puis en tant que sélectionneur (1990).

Fiche d'identité

Date et lieu de naissance : 11 septembre 1945, Munich (Allemagne).
Surnom : le *Kaiser* (empereur).
Nationalité : allemand.
Taille et poids : 1,81 m, 79 kg.
Poste : défenseur.
Clubs successifs : Bayern Munich, New York Cosmos, Hambourg, New York Cosmos.
Palmarès : vainqueur de la Coupe d'Allemagne en 1966, 1967, 1969 et 1971 (Bayern Munich), vainqueur de la Coupe des coupes en 1967 (Bayern Munich), champion d'Allemagne en 1969, de 1972 à 1974 (Bayern Munich) et en 1982 (Hambourg), Ballon d'or en 1972 et 1976, champion du monde en 1974 (Allemagne), vainqueur de la Coupe des clubs champions européens de 1974 à 1976 (Bayern Munich), champion d'Europe des nations en 1976 (Allemagne), vainqueur de la Coupe intercontinentale en 1976 (Bayern Munich), champion des États-Unis en 1977, 1978 et 1980 (New York Cosmos).

L'un des derniers matchs sous le maillot du Bayern pour le *Kaiser*. Après plus de 400 rencontres en *Bundesliga*, Beckenbauer migre vers les États-Unis et les New York Cosmos.

GEORGE BEST
LE CINQUIÈME BEATLES

Adulé comme rarement un joueur l'aura été, George Best n'a pas eu la carrière qu'il méritait en raison d'une addiction à l'alcool.

Fiche d'identité

Date et lieu de naissance : 22 mai 1946, Belfast (Irlande du Nord).
Date et lieu de décès : 25 novembre 2005, Londres (Angleterre).
Surnom : le cinquième Beatles.
Nationalité : nord-irlandais.
Taille et poids : 1,75 m, 69 kg.
Poste : attaquant.
Clubs successifs : Manchester United, Jewish Guild, Stockport County, Cork Celtic, Los Angeles Aztecs, Fulham, Los Angeles Aztecs, Fort Lauderdale Strikers, Hibernian, San Jose Earthquakes, Bournemouth, Brisbane Lions.
Palmarès : vainqueur de la Coupe d'Angleterre en 1963 (Manchester United), champion d'Angleterre en 1965 et 1967 (Manchester United), vainqueur du Charity Shield en 1965 et 1967 (Manchester United), vainqueur de la Coupe des clubs champions européens en 1968 (Manchester United), Ballon d'or en 1968.

SON ENFANCE

Fils d'un ouvrier et d'une ancienne joueuse internationale de hockey sur gazon, George Best vit dans une famille protestante et doit faire face à l'alcoolisme de sa mère. À l'âge de 15 ans, il est envoyé à Manchester par un ami pour effectuer un essai d'une semaine avec les *Red Devils*. Le test s'avère concluant. Il jouera son premier match professionnel à 17 ans et 4 mois.

LE JOUEUR

Attaquant hors pair, George Best se distinguait par sa vitesse d'exécution et sa technique hors du commun. Ses dribbles donnèrent le tournis à plus d'un adversaire. Son génie sur le terrain et sa vie privée dissolue contribuèrent à sa popularité.

SON GRAND EXPLOIT

En 1968, Wembley accueille la finale de la Coupe des clubs champions européens. Les Mancuniens sont opposés au Benfica Lisbonne. À l'issue du temps réglementaire, le score est de 1 à 1. Après trois minutes dans les prolongations, George Best donne l'avantage aux siens (2-1, 93e). Manchester United finit par s'imposer 4 à 1, offrant ainsi la première Coupe des clubs champions européens à l'Angleterre.

Attaquant au talent indéniable, George Best avait toujours un temps d'avance sur ses adversaires. Il inscrira la bagatelle de 178 buts sous les couleurs de Manchester United.

JOHAN CRUYFF

LA CLASSE À L'ÉTAT PUR

Joueur hors normes doté d'un incroyable sens du but, Johan Cruyff inscrira 404 réalisations dans sa carrière. Seul regret : il ne sera jamais champion du monde.

SON ENFANCE

Fils de commerçants, Johan Cruyff habite en face du stade de l'Ajax Amsterdam, théâtre de ses futurs exploits. À la mort de son père, alors qu'il n'a que 12 ans, sa mère, femme de ménage au club, l'inscrit à l'Ajax. Et, à 16 ans seulement, il signe un contrat pro dans le club de la capitale.

LE JOUEUR

Un physique plutôt frêle et une consommation excessive de cigarettes n'empêchent pas Johan Cruyff de posséder des capacités hors du commun. Son implication à l'entraînement n'y est pas étrangère. Véloce, le Néerlandais a le don de pouvoir accélérer son jeu et éliminer ses adversaires. Tout au long de sa carrière, Johan Cruyff donnera au public l'image d'un joueur spectaculaire aux feintes et aux dribbles surprenants.

SON GRAND EXPLOIT

Récompensant aujourd'hui le meilleur joueur du monde toutes nationalités et tous championnats confondus, le Ballon d'or distinguait, jusqu'en 1994, le meilleur joueur européen de l'année. Déjà élu en 1971 et 1973, la star de l'Ajax Amsterdam devient, en 1974, le premier à soulever ce trophée pour la troisième fois. Par la suite, seuls Platini, Van Basten et Messi accompliront un tel exploit.

Fiche d'identité

Date et lieu de naissance : 25 avril 1947, Amsterdam (Pays-Bas).
Surnoms : le Hollandais Volant, le Prince d'Amsterdam, le Sauveur, le Maigre.
Nationalité : néerlandais.
Taille et poids : 1,78, 68 kg.
Poste : attaquant.
Clubs successifs : Ajax Amsterdam, FC Barcelone, Los Angeles Aztecs, Washington Diplomats, Levante, Washington Diplomats, Ajax Amsterdam, Feyenoord Rotterdam.
Palmarès : champion des Pays-Bas de 1966 à 1968, en 1972, 1973, 1982, 1983 (Ajax Amsterdam) et 1984 (Feyenoord Rotterdam), vainqueur de la Coupe des Pays-Bas en 1967, de 1970 à 1972, en 1983 (Ajax Amsterdam) et en 1984 (Feyenoord Rotterdam), vainqueur de la Coupe des clubs champions européens de 1971 à 1973 (Ajax Amsterdam), Ballon d'or en 1971, 1973 et 1974, vainqueur de la Supercoupe de l'UEFA et de la Coupe intercontinentale en 1972 (Ajax Amsterdam), champion d'Espagne en 1974 (FC Barcelone), vainqueur de la Coupe d'Espagne en 1978 (FC Barcelone).

Star du football, Johan Cruyff aura donné le tournis à de nombreux défenseurs en Europe. Comme ici en 1971, lorsque Jules Zvunka et l'OM subissent les foudres du magicien néerlandais.

MICHEL PLATINI

DOCTEUR ÈS COUPS FRANCS

Une technique hors du commun, une vision du jeu pointue et des coups francs de métronome ont permis à Platini d'être le meilleur de la planète foot trois années durant.

Fiche d'identité

Date et lieu de naissance : 21 juin 1955, Jœuf (France).
Surnoms : Platoche, le roi Michel.
Nationalité : français.
Taille et poids : 1,79 m, 73 kg.
Poste : milieu de terrain.
Clubs successifs : AS Nancy-Lorraine, AS Saint-Étienne, Juventus de Turin.
Palmarès : champion de France de D2 en 1975 (AS Nancy-Lorraine), vainqueur de la Coupe de France en 1978 (AS Nancy-Lorraine), champion de France en 1981 (AS Saint-Étienne), vainqueur de la Coupe d'Italie en 1983 (Juventus de Turin), Ballon d'or de 1983 à 1985, vainqueur de la Coupe des coupes et de la Supercoupe de l'UEFA en 1984 (Juventus de Turin), champion d'Europe des nations en 1984 (France), champion d'Italie en 1984 et 1986 (Juventus de Turin), vainqueur de la Coupe des clubs champions européens et de la Coupe intercontinentale en 1985 (Juventus de Turin).

◎ SON ENFANCE

Michel Platini est né à Jœuf, en Lorraine. Son père, Aldo, un immigré italien, lui apprend les rudiments du football, dont l'art de tirer les coups francs directs, qui deviendront sa spécialité. De blessure en blessure, il loupe son entrée dans les centres de formation. Pire, il échoue au test respiratoire et on lui décèle une insuffisance cardiaque. On le dit déjà perdu pour le football. « Platoche » rebondit finalement en septembre 1972 dans l'équipe réserve de l'AS Nancy-Lorraine.

◎ LE JOUEUR

Très vite, le numéro 10 français, le plus célèbre avec Zinédine Zidane, se fait remarquer sur le terrain. Hargneux, combatif, il ne supporte pas la défaite. Platini joue les leaders et empile les buts : à la fin de sa carrière, il en comptera plus de six cents à son actif. C'est aussi un excellent passeur qui sait mettre ses coéquipiers sur orbite.

◎ SA SPÉCIALITÉ

Redoutable milieu de terrain, Michel Platini n'avait pas son pareil pour marquer but sur but. Mais c'est à travers les coups francs qu'il se révélait le plus adroit. Bon nombre de fois, il envoya le cuir en pleine lucarne.

◎ SON GRAND EXPLOIT

Michel Platini fut le premier footballeur à obtenir le Ballon d'or trois fois de suite.

Pour *sa* finale, la France ne se loupe pas. Face à l'Espagne, Platini exécute un coup franc parfait. Arconada ne peut rien, si ce n'est pousser le cuir dans son propre but.

DIEGO ARMANDO MARADONA

LE PRODIGE

Avec un total de 345 buts marqués durant sa carrière, Maradona est l'un des meilleurs joueurs de l'histoire du foot.

◎ SON ENFANCE

Diego Armando Maradona est remarqué dès l'âge de 11 ans et intègre l'équipe des Cebollitas. Plus adroit que les autres, il régale l'assistance match après match. Ce véritable prodige n'a pas encore 16 ans lorsqu'il rejoint les rangs professionnels sous les couleurs des Argentinos Juniors. Le 27 février 1977, celui qui deviendra *el Pibe de Oro* porte le maillot de la sélection nationale pour la première fois.

◎ LE JOUEUR

Sans aucun doute le meilleur technicien que le foot ait connu. De petite taille, il avait un centre de gravité bas lui permettant de changer de direction en un clin d'œil et de dérouter ainsi les défenses adverses. Buteur hors pair, Maradona était aussi un passeur de génie pouvant mettre ses attaquants sur orbite. Mais ses contrôles positifs au dopage entacheront la fin de sa carrière.

◎ SON GRAND EXPLOIT

Nous sommes en 1986, lors du quart de finale de la Coupe du monde Argentine/Angleterre. À la 51e minute, sur un centre aérien, Diego Maradona semble reprendre le cuir de la tête. Mais c'est avec la main qu'il fait entrer le ballon. L'arbitre ne voit rien, et l'Argentine ouvre le score. Trois minutes plus tard, le numéro 10 va inscrire un but d'anthologie : il part de sa moitié de terrain, dribble le gardien et double la mise.

Fiche d'identité

Date et lieu de naissance : 30 octobre 1960, Buenos Aires (Argentine).
Surnoms : *el Pibe de Oro* (le gamin en or), *el Diez* (le dix), *Dieguito* (petit Diego), le Maître...
Nationalité : argentin.
Taille et poids : 1,67 m, 70 kg.
Poste : milieu de terrain.
Clubs successifs : Argentinos Juniors, Boca Juniors, FC Barcelone, Naples, FC Séville, Newell's Old Boys, Boca Juniors.
Palmarès : champion d'Argentine en 1981 (Boca Juniors), vainqueur de la Coupe du roi et de la Supercoupe d'Espagne en 1983 (FC Barcelone), champion du monde en 1986 (Argentine), champion d'Italie en 1987 et 1990 (Naples), vainqueur de la Coupe d'Italie en 1988 (Naples), vainqueur de la Coupe UEFA en 1989 (Naples), vainqueur de la Supercoupe d'Italie en 1990 (Naples), Ballon d'or en 1995 pour l'ensemble de sa carrière.

L'image la plus célèbre et la plus triste de la carrière de Maradona. La « main de Dieu » envoie l'Argentine vers la demi-finale de la Coupe du monde 86.

ZINÉDINE ZIDANE

UNE TÊTE EN OR

À l'image de Pelé, Platini ou Maradona, Zinédine Zidane appartient à la caste des très grands, capables de débloquer une rencontre uniquement grâce à leur talent.

Fiche d'identité

Date et lieu de naissance : 23 juin 1972, Marseille (France).
Surnom : Zizou.
Nationalité : franco-algérien.
Taille : 1,85 m, 80 kg.
Poste : milieu de terrain.
Clubs successifs : AS Cannes, Girondins de Bordeaux, Juventus de Turin, Real Madrid.
Palmarès : vainqueur de la Supercoupe de l'UEFA en 1996 (Juventus de Turin) et en 2002 (Real Madrid), vainqueur de la Coupe intercontinentale en 1996 (Juventus de Turin) et en 2002 (Real Madrid), champion d'Italie en 1997 et 1998 (Juventus de Turin), vainqueur de la Supercoupe d'Italie en 1997 (Juventus de Turin), champion du monde en 1998 (France), Ballon d'or en 1998, champion d'Europe des nations en 2000 (France), vainqueur de la Ligue des champions en 2002 (Real Madrid), champion d'Espagne en 2003 (Real Madrid), vainqueur de la Supercoupe d'Espagne en 2002 et 2003 (Real Madrid).

◎ SON ENFANCE

Originaire de Kabylie, Zinédine Zidane grandit dans la cité de la Castellane, à Marseille. C'est en bas des immeubles qu'il s'adonne à sa passion du football. Il signe sa première licence à 10 ans. Faisant des merveilles chez les jeunes, le futur numéro 10 des Bleus entre au centre de formation de l'AS Cannes à 15 ans.

◎ LE JOUEUR

Zidane débute chez les pros sous le maillot de Cannes alors qu'il n'a pas encore 17 ans. Sa progression va dès lors être fulgurante. Bordeaux, la Juve et enfin le Real s'attacheront les talents du français. Doté d'un toucher de balle extraordinaire, Zidane est techniquement bien au-dessus de la moyenne. Ses passes décisives seront légion, et le meneur de jeu offrira au public de nombreux gestes techniques tels que la roulette et le passement de jambe.

◎ SON GRAND EXPLOIT

Le 12 juillet 1998, la France dispute la finale de la Coupe du monde face au Brésil. Sur des corners de Petit et de Djorkaeff, deux têtes gagnantes de « Zizou » mettent la France sur la voie du succès (3-0). En 2006, malgré son carton rouge et la défaite face à l'Italie, Zidane entre dans le cercle fermé des joueurs ayant marqué lors de deux finales de Coupe du monde.

D'une grande habileté balle au pied, Zidane aura fait le bonheur du Real Madrid entre 2001 et 2006. Rapportant de nombreux trophées, il inscrira 49 buts en 227 rencontres.

LIONEL MESSI
LE MAGICIEN

Être une légende à 25 ans relève de l'authentique exploit. Le talent de Messi n'y est pas étranger. Le numéro 10 du Barça régale régulièrement le monde du foot.

◎ SON ENFANCE

Dès l'âge de 5 ans, Leo Messi intègre le petit club de Grandoli, où son père est entraîneur. Très vite remarqué, il est pourtant diagnostiqué perdu pour le football à l'âge de 10 ans, lorsqu'un médecin décèle une maladie hormonale nuisant à sa croissance. Alors qu'il n'a que 13 ans, Messi est recruté par le FC Barcelone. Le club catalan s'engage à payer le traitement de sa maladie.

◎ LE JOUEUR

Sa petite taille (1,69 m) lui donne un centre de gravité bas. Un avantage qui lui permet de gérer au mieux ses mouvements de balle et de mettre souvent l'adversaire en difficulté. Quand il a le ballon au pied, Messi devient tout simplement un magicien que l'on regarde avec des yeux d'enfant.

◎ SON GRAND EXPLOIT

Le 7 mars 2012, en huitième de finale retour de la Ligue des champions, Lionel Messi inscrit cinq buts (25e, 42e, 49e, 58e et 85e minutes) face aux Allemands de Leverkusen. Un quintuplé sous forme de première dans l'histoire de la Ligue des champions moderne.

Fiche d'identité

Date et lieu de naissance : 24 juin 1987, Rosario (Argentine).
Surnom : *la Pulga* (la puce).
Nationalité : argentin.
Taille et poids : 1,69 m, 67 kg.
Poste : attaquant.
Club : FC Barcelone.
Palmarès : champion d'Espagne en 2005, 2006 et de 2009 à 2011 (FC Barcelone), vainqueur de la Supercoupe d'Espagne en 2005, 2006 et de 2009 à 2011 (FC Barcelone), vainqueur de la Ligue des champions en 2006, 2009 et 2011 (FC Barcelone), champion olympique en 2008 (Argentine), vainqueur de la Coupe du roi en 2009 (FC Barcelone), vainqueur de la Supercoupe de l'UEFA en 2009 et 2011 (FC Barcelone), champion du monde des clubs en 2009 et 2011 (FC Barcelone), Ballon d'or de 2009 à 2011.

Joueur de légende à 25 ans seulement, Messi n'en finit pas d'empiler les buts. Comme ici face à Grenade, en 2012, avec un triplé.

L'ALLEMAGNE

UNE EFFICACITÉ REMARQUABLE

Sept finales de Coupe du monde pour trois succès, six finales de championnat d'Europe pour trois victoires également : l'Allemagne est l'une des meilleures équipes du monde.

Fiche d'identité

Premier match : le 5 avril 1908 contre la Suisse (défaite 5-3).
Plus large victoire : 16-0 contre l'Empire russe le 1er juillet 1912.
Plus large défaite : 9-0 pour l'Angleterre le 16 mars 1909.
Surnoms : la *Nationalmannschaft* (l'équipe nationale) ou la *Mannschaft* (l'équipe).
Palmarès : Coupe du monde (1954, 1974, 1990), championnat d'Europe (1972, 1980, 1996), Jeux olympiques (1976).
Joueurs emblématiques : Michael Ballack, Franz Beckenbauer, Andreas Brehme, Mario Gómez, Oliver Kahn, Ulf Kirsten, Jürgen Klinsmann, Miroslav Klose, Philipp Lahm, Sepp Maier, Lothar Matthäus, Gerd Müller, Lukas Podolski, Karl-Heinz Rummenigge, Matthias Sammer, Harald Schumacher, Bastian Schweinsteiger, Joachim Streich, Rudi Völler.

◎ LES DÉBUTS

Affiliée à la Fifa (Fédération international de football association) en 1904, l'Allemagne tarde à se mettre au niveau des meilleures nations du football telles que l'Uruguay ou le Brésil. Incapable de se qualifier pour la première Coupe du monde en 1930, l'Allemagne commence à obtenir des résultats en 1934 en accédant aux demi-finales, avant d'atteindre les huitièmes de finale en 1938. Sepp Herberger ou Hans Schäfer sont les premiers héros de l'équipe nationale.

◎ LE JOUEUR MARQUANT

Sélectionné pour la première fois en octobre 1966, Gerd Müller inscrit un quadruplé lors de son deuxième match, contre l'Albanie. Devenu très vite la pièce maîtresse de l'attaque allemande, Müller enchaîne les buts. À l'issue de sa carrière internationale, il aura signé soixante-huit réalisations. Homme des grands rendez-vous, il aura inscrit ses trois buts les plus importants à l'occasion de finales : un doublé en finale de l'Euro 1972 face à l'URSS (3-0), et, deux ans plus tard, le but de la victoire en Coupe du monde devant les Pays-Bas (2-1).

◎ LE GRAND EXPLOIT

Fondée en 1900, la fédération allemande savoure son premier succès international lors de la Coupe du monde 1954 en Suisse. Qualifiée sur le fil pour les quarts de finale, l'Allemagne se hisse jusqu'en finale contre la Hongrie. Très vite menés au score (0-2, 8e), les Allemands renversent la vapeur pour l'emporter 3 à 2 grâce à deux buts d'Helmut Rahn.

En retrait depuis seize ans sur la scène internationale, Andreas Köpke (1) et ses partenaires remportent l'Euro 1996 en Angleterre.

L'ANGLETERRE
NOTRE MEILLEUR ENNEMI

Il est de notoriété publique qu'Anglais et Français ne s'apprécient guère sur le terrain. Cette adversité a souvent nourri le jeu, pour le plus grand plaisir des supporteurs.

◎ LES DÉBUTS
L'Angleterre est l'une des plus anciennes sélections nationales. Elle dispute son premier match le 30 novembre 1872. Quatre mois plus tard, contre l'Écosse, elle remporte son premier succès (4-2). La deuxième victoire intervient en 1879 face au pays de Galles (2-1). Ce n'est qu'en 1923 que l'Angleterre affronte son « meilleur ennemi » français, gagnant 4-1.

◎ LE JOUEUR MARQUANT
Champion du monde en 1966 avec l'Angleterre, Bobby Charlton met un terme à sa carrière internationale en 1970 après 106 sélections et 49 buts sous le maillot anglais. D'une classe incroyable sur le terrain, il est considéré par beaucoup comme le meilleur joueur de l'histoire du football britannique. En 1994, Charlton a été anobli par la reine.

◎ LE GRAND EXPLOIT
En 1966, la Coupe du monde a lieu en Angleterre. Après un nul médiocre contre l'Uruguay (0-0) lors du premier match, les Anglais se ressaisissent en dominant le Mexique (2-0), puis la France (2-0). Écartant l'Argentine en quart (1-0) et le Portugal en demie (2-1), les Britanniques ont l'honneur de disputer la finale à Wembley face à la république fédérale d'Allemagne. À égalité à l'issue du temps réglementaire, les deux équipes se départagent en prolongation. Notamment grâce à un triplé de Geoffrey Hurst, l'Angleterre s'impose 4 à 2 sur ses terres. C'est son seul trophée à ce jour.

Fiche d'identité

Premier match : le 30 novembre 1872 en Écosse (0-0).
Plus large victoire : 13-0 contre l'Irlande le 18 février 1882.
Plus large défaite : 7-1 pour l'Allemagne le 23 mai 1954.
Surnom : *The Three Lions* (les trois lions).
Palmarès : Coupe du monde 1966.
Joueurs emblématiques : Gordon Banks, David Beckham, Bobby Charlton, Ashley Cole, Rio Ferdinand, Paul Gascoigne, Steven Gerrard, Glen Hoddle, Geoffrey Hurst, Paul Ince, Kevin Keegan, Frank Lampard, Gary Lineker, Stanley Matthews, Bobby Moore, Michael Owen, Bryan Robson, Wayne Rooney, Paul Scholes, Alan Shearer, Peter Shilton, John Terry.

S'il n'a pu décrocher de trophée avec l'Angleterre, David Beckham aura tout de même fait les beaux jours de sa sélection nationale. Un maillot qu'il a porté à 115 reprises pour 17 buts et de nombreux coups de génie.

L'ARGENTINE

LE PLUS BEAU RIVAL DU BRÉSIL

Moins flamboyante depuis les années 2000, l'Argentine n'en demeure pas moins l'une des grandes nations du foot. Elle est la seule, avec la France, à avoir gagné les compétitions les plus importantes organisées par la Fifa.

Fiche d'identité

Premier match : le 16 mai 1901 contre l'Uruguay (victoire 3-2).
Plus large victoire : 12-0 contre l'Équateur le 22 janvier 1942.
Plus large défaite : 5-0 pour l'Uruguay le 16 décembre 1959.
Surnom : l'*Albiceleste* (les ciel et blanc).
Palmarès : Copa América (1921, 1925, 1927, 1929, 1937, 1941, 1945 à 1947, 1955, 1957, 1959, 1991, 1993), Coupe du monde (1978, 1986), Coupe des confédérations (1992), Jeux olympiques (2004, 2008).
Joueurs emblématiques : Roberto Ayala, Gabriel Batistuta, Jorge Burruchaga, Hernán Crespo, Sergio Goycochea, Gabriel Heinze, Mario Alberto Kempes, Diego Maradona, Herminio Masantonio, Javier Mascherano, Lionel Messi, Ariel Ortega, Daniel Passarella, Oscar Ruggeri, Roberto Sensini, Diego Simeone, Carlos Tévez, Juan Sebastián Verón, Javier Zanetti.

◎ LES DÉBUTS

Après des débuts heureux en 1901 face à l'Uruguay, l'Argentine ne tarde pas à exporter son football aux quatre coins de la planète. Dès 1921, l'attaquant Julio Libonatti permet aux Argentins de s'adjuger leur première Copa América. Onze autres suivront, avant que l'*Albiceleste* ne décroche le titre suprême en gagnant *sa* Coupe du monde, sur ses terres, en 1978.

◎ LE JOUEUR MARQUANT

Diego Armando Maradona incarne à lui seul tout le football argentin. Ballon au pied, ce virtuose était impossible à arrêter. Marquant les buts par dizaines, Maradona fut l'idole de tout un peuple. Messi éclipsera-t-il un jour l'icône dans le cœur des Argentins ? Rien n'est moins sûr, car Maradona y tient aujourd'hui encore une place à part.

◎ LE GRAND EXPLOIT

Gagner une Coupe du monde est un événement rare dans la carrière d'un footballeur. Et plus encore sur ses terres. Cette double chance, l'Argentine ne la laissa pas passer en 1978. Chez elle, personne ne put discuter sa suprématie. Pas même les Pays-Bas en finale (2-1 pour l'Argentine après prolongation). Mario Kempes, auteur d'un doublé, devint le héros de tout un peuple.

Au milieu de ses partenaires, Diego Armando Maradona est inconsolable. Battue 1 à 0 par la RFA, l'Argentine vient de laisser filer la Coupe du monde 90.

LE BRÉSIL
LES DIEUX DU FOOT

Présents dans toutes les phases finales de Coupe du monde (19), cinq fois victorieux, les Brésiliens ont perfectionné le football. Difficile de rivaliser.

◎ LES DÉBUTS
L'aventure commence par une victoire. Nous sommes en 1914. Le Brésil dispute son premier match amical, contre les Anglais d'Exeter City, et l'emporte 2-0. Mais les débuts sont difficiles. La *Seleção* est éliminée au premier tour des Coupes du monde 1930 et 1934. C'est en 1938, lors du Mondial en France, que le Brésil va enfin briller, réussissant à se hisser à la troisième place. Les sept buts marqués par Leônidas da Silva, meilleur buteur de l'épreuve, ne sont pas étrangers à cette troisième place. Il faudra attendre 1958 et l'arrivée de Pelé pour voir le Brésil gagner enfin la Coupe du monde.

◎ LE JOUEUR MARQUANT
Pelé est un phénomène comme il en existe peu dans le football. À 17 ans, sa facilité pour éliminer ses adversaires ou finir les actions est déjà insolente. Lors de la Coupe du monde de 1958, Pelé porte à lui seul le destin du Brésil sur ses épaules. Auteur de six buts, dont deux en finale, il ne s'arrête pas là. Dans sa carrière il apportera deux autres Coupes du monde à son pays. Lorsqu'il range les crampons, le buteur brésil en a inscrit 77 buts en 92 sélections.

◎ LE GRAND EXPLOIT
Victorieux en 1958 et 1962, le Brésil atteint le sommet de son art en 1970. Pelé a alors 29 ans et rien ne lui résiste, ni à ses partenaires Jairzinho, Gérson, Rivelino ou Tostão. La sélection *auriverde* inscrit dix-neuf buts au cours de la compétition, ridiculisant au passage l'Italie en finale (4-1). Aujourd'hui encore, beaucoup d'observateurs citent en exemple cette équipe brésilienne, considérée comme la meilleure de l'histoire.

Fiche d'identité

Premier match : le 20 août 1914 contre l'Argentine (défaite 3-0).
Plus large victoire : 14-0 contre le Nicaragua le 13 octobre 1946.
Plus large défaite : 6-0 pour l'Uruguay le 18 septembre 1920.
Surnoms : la *Seleção* (la sélection), les *Auriverde* (les vert et or), *Canarinho* (petit canari).
Palmarès : Copa América (1919, 1922, 1949, 1989, 1997, 1999, 2004, 2007), Coupe du monde (1958, 1962, 1970, 1994, 2002), Coupe des confédérations (1997, 2005, 2009).
Joueurs emblématiques : Carlos Alberto, Daniel Alves, Bebeto, Branco, Cafú, Careca, Roberto Carlos, Dida, Didi, Dunga, Edinho, Garrincha, Gérson, Gilmar, Jairzinho, Júnior, Kaká, Leônidas, Lúcio, Maicon, Neymar, Pelé, Pépé, Raí, Rivaldo, Rivelino, Romário, Ronaldinho, Ronaldo, Djalma Santos, Thiago Silva, Sócrates, Taffarel, Tostão, Vavá, Mário Zagallo, Zico.

Accroupi aux côtés de ses partenaires brésiliens, Pelé affiche une grande décontraction à quelques heures de l'ouverture de la Coupe du monde 1962 au Chili. Une compétition que le Brésil va remporter pour la deuxième fois de rang.

L'ESPAGNE

UNE CONFIRMATION TARDIVE

Composée de joueurs talentueux, la sélection espagnole a toujours manqué de chance dans les grands rendez-vous. La Coupe du monde 2010 a comblé ce vide.

LES DÉBUTS

Malgré un tout premier match victorieux en 1920, les débuts de la *Roja* sont compliqués. Absente de la Coupe du monde 1930, quart-de-finaliste en 1934, l'Espagne doit attendre 1950 pour entrer dans le dernier carré.

LE JOUEUR MARQUANT

Meilleur gardien du monde, Iker Casillas est le dernier rempart du Real Madrid. Son talent est aussi fort utile à sa sélection nationale. Titulaire à 137 reprises, il est le joueur le plus appelé dans l'histoire du foot espagnol. Toujours en activité, il a déjà remporté deux championnats d'Europe (2008, 2012) et une Coupe du monde (2010).

LE GRAND EXPLOIT

Championne d'Europe en 2008, vainqueur de la Coupe du monde en 2010, l'Espagne tente un improbable triplé lors de l'Euro 2012, organisé conjointement par la Pologne et l'Ukraine. Placés dans le groupe C en compagnie de la Croatie, de l'Irlande et de l'Italie, les Ibériques sortent en tête de la poule. La France en quart de finale, puis le Portugal en demie, ne peuvent rien face aux Espagnols. En finale, ceux-ci humilient les Italiens 4 à 0 grâce à Silva, Alba, Torres et Mata. La *Roja* entre dans l'histoire en devenant la première sélection à enlever trois compétitions européennes ou mondiales d'affilée.

Fiche d'identité

Premier match : le 28 août 1920 contre le Danemark (victoire 1-0).
Plus large victoire : 13-0 contre la Bulgarie le 21 mai 1933.
Plus large défaite : 7-1 pour l'Angleterre le 9 décembre 1931.
Surnoms : la *Furia* (la furie), la *Furia Roja* (la furie rouge), la *Roja* (la rouge).
Palmarès : championnat d'Europe (1964, 2008), Jeux olympiques (1992), Coupe du monde (2010).
Joueurs emblématiques : Abelardo, Luis Arconada, Emilio Butragueño, José Antonio Camacho, Iker Casillas, Alfredo Di Stéfano, Cesc Fàbregas, Francisco Gento, Josep Guardiola, Xavi Hernández, Fernando Hierro, Andrés Iniesta, Juanito, László Kubala, Ferenc Puskás, Carles Puyol, Pirri, Raúl, Manolo Sanchís, Santillana, Sergi, Fernando Torres, David Villa, Andoni Zubizarreta.

Fernando Torres et Juan Manuel Mata peuvent exulter. Ils entrent dans l'histoire du football en ce mois de juillet 2012. L'Espagne remporte sa troisième grande compétition internationale après l'Euro 2008 et la Coupe du monde 2010.

LA FRANCE

LA FIERTÉ DES ANNÉES 2000

La sélection tricolore n'a pas connu que des moments de joie. Mais les années 1998-2006 furent une période dorée pour la France.

◎ LES DÉBUTS

1904 voit la France disputer ses premières rencontres internationales. Louis Mesnier est le premier buteur tricolore, à l'occasion d'un nul en Belgique (3-3). En 1912, en Italie, la France gagne son premier match (4-3), notamment grâce à un doublé d'Eugène Maës. Neuf ans plus tard, les Bleus décrochent leur premier succès contre l'Angleterre (2-1). La France est présente à la première Coupe du monde, en 1930. Lucien Laurent est le premier buteur de cette compétition. Mais, avec une victoire et deux défaites, les Tricolores ne sortent pas de leur poule.

◎ LE JOUEUR MARQUANT

Vainqueur de l'Euro 1984 avec neuf buts personnels, dont un en finale, capitaine malheureux lors de la demi-finale de Séville en 1982, Michel Platini, triple Ballon d'or, est très certainement le joueur qui a le plus marqué l'histoire du foot français. Ce magistral tireur de coups francs arrêta sa carrière internationale après 41 buts en équipe de France. Longtemps meilleur buteur des Bleus, l'actuel président de l'UEFA fut doublé par Thierry Henry en 2007 (51 buts).

◎ LE GRAND EXPLOIT

Le 12 juillet 1998, la France est en finale de *sa* Coupe du monde, au Stade de France, face au Brésil. La rencontre idéale. Zidane marque deux fois de la tête, puis c'est au tour d'Emmanuel Petit, dans les arrêts de jeu, d'envoyer le cuir dans le petit filet. À travers les Bleus de 1998, soixante millions de Français deviennent champions du monde pour la première fois.

Fiche d'identité

Premier match : le 1er mai 1904 contre la Belgique (match nul 3-3).
Plus large victoire : 10-0 contre l'Azerbaïdjan le 6 septembre 1995.
Plus large défaite : 17-1 pour le Danemark le 22 octobre 1908.
Surnoms : les Bleus, les Tricolores.
Palmarès : Jeux olympiques (1984), championnat d'Europe (1984, 2000), Coupe du monde (1998), Coupe des confédérations (2001, 2003).
Joueurs emblématiques : Manuel Amoros, Fabien Barthez, Joël Bats, Patrick Battiston, Larbi Benbarek, Karim Benzema, Laurent Blanc, Maxime Bossis, Éric Cantona, Marcel Desailly, Didier Deschamps, Youri Djorkaeff, Just Fontaine, Alain Giresse, Thierry Henry, Robert Jonquet, Raymond Kopa, Bixente Lizarazu, Jean-Pierre Papin, Roger Piantoni, Michel Platini, Franck Ribéry, Lilian Thuram, Jean Tigana, Marius Trésor, David Trezeguet, Patrick Vieira, Jean Vincent, Zinédine Zidane.

Unie et soudée avant la finale de la Coupe du monde 1998, l'équipe de France va réaliser le match presque parfait pour dominer le Brésil 3 à 0 dans un Stade de France ivre de bonheur. Zidane par deux fois et Petit seront les héros de la soirée.

L'ITALIE

LA VICTOIRE AVANT TOUT

L'Italie est la formation la plus performante en Coupe du monde derrière le Brésil. Affronter les Italiens en phase finale n'est jamais une partie de plaisir.

Fiche d'identité

Premier match : le 15 mai 1910 contre la France (victoire 6-2).
Plus large victoire : 9-0 contre les États-Unis le 10 juin 1928.
Plus large défaite : 7-1 pour la Hongrie le 6 avril 1924.
Surnoms : la *Squadra Azzurra* (l'équipe bleue), les *Azzurri* (les bleus), la *Nazionale* (l'équipe nationale).
Palmarès : Coupe du monde (1934, 1938, 1982, 2006), Jeux olympiques (1936), championnat d'Europe (1968).
Joueurs emblématiques : Roberto Baggio, Mario Balotelli, Franco Baresi, Giuseppe Bergomi, Roberto Bettega, Gianluigi Buffon, Fabio Cannavaro, Alessandro Del Piero, Giacinto Facchetti, Francesco Graziani, Filippo Inzaghi, Paolo Maldini, Giuseppe Meazza, Silvio Piola, Andrea Pirlo, Luigi Riva, Gianni Rivera, Paolo Rossi, Marco Tardelli, Francesco Totti, Christian Vieri, Gianluca Zambrotta, Dino Zoff.

LES DÉBUTS

L'Italie inaugure bien tard son histoire avec le foot international : ce n'est qu'en 1910 qu'elle dispute son premier match, avec une victoire contre la France (6-2). Un an plus tard, opposés à la Hongrie, les Transalpins portent pour la première fois leur maillot bleu. Absente de la Coupe du monde 1930, l'Italie ne tarde pas à montrer ses prédispositions au plus haut niveau. En 1934 tout d'abord : en finale de la Coupe du monde, face à la Tchécoslovaquie, un but d'Angelo Schiavo offre la victoire aux siens à domicile. L'Italie décroche le titre olympique deux ans plus tard, avant de conquérir une deuxième Coupe du monde consécutive en 1938, en France.

LE JOUEUR MARQUANT

Roberto Baggio fut l'un des plus grands du football italien. Sélectionné à 56 reprises pour 27 buts, l'attaquant transalpin est le seul de son pays à avoir marqué lors de trois Coupes du monde (1990, 1994, 1998). Il ne remporta jamais ce trophée. Demi-finaliste en 1990, il fut le héros malheureux de l'édition 1994 aux États-Unis. Lors de la séance de tirs au but, il s'élança en dernier et envoya le ballon au-dessus de la cage de Taffarel, offrant ainsi la Coupe du monde au Brésil. Les supporteurs italiens le lui pardonnèrent très rapidement.

LE GRAND EXPLOIT

Le 9 juillet 2006, l'Italie affronte la France en finale de la Coupe du monde. Six ans après sa défaite en finale de l'Euro, l'Italie veut – et va – prendre sa revanche. Si Zidane ouvre vite la marque sur pénalty (7e), Materazzi égalise à la 20e. Incapables de se séparer, les deux équipes ont recours aux tirs au but. Plus habiles dans cet exercice, les Italiens sortent vainqueurs et obtiennent leur quatrième succès dans cette épreuve.

En trompant la vigilance allemande par deux fois, Balotelli envoie l'Italie en finale de l'Euro 2012. Une première pour les Italiens depuis 2000. L'issue sera la même avec une nouvelle défaite. Face à l'Espagne cette fois-ci.

LES PAYS-BAS
LES PERDANTS MAGNIFIQUES

Dotés de joueurs talentueux, les Pays-Bas n'ont jamais eu le succès qu'ils méritent. Vainqueurs de l'Euro 1988, ils furent battus à trois reprises en finale de la Coupe du monde (1974, 1978, 2010).

◎ LES DÉBUTS
Affiliés à la Fifa à partir de 1904, les Pays-Bas débutent officiellement par une victoire en Belgique en 1905 (4-1). Non inscrits pour le Mondial 1930, ils se font sortir en huitième de finale lors des éditions 1934 (en Italie) et 1938 (en France). Par la suite, les Bataves seront absents de la phase finale de la compétition jusqu'en 1974, année de leur première finale de Coupe du monde.

◎ LE JOUEUR MARQUANT
Premier joueur à obtenir trois fois le Ballon d'or, sélectionné à 48 reprises sous le maillot des Pays-Bas, Johan Cruyff fut le meilleur de sa génération et de l'histoire du foot néerlandais. Finaliste de la Coupe du monde 1974, demi-finaliste de l'Euro 1976, Cruyff, auteur de 33 buts en sélection, n'aura jamais été récompensé avec sa sélection comme il l'aurait mérité.

◎ LE GRAND EXPLOIT
Absents de l'Euro 1984 en France, les Pays-Bas sont de retour sur la scène internationale lors de l'édition 1988 en Allemagne. Placés dans une poule compliquée, les Néerlandais débutent par une défaite face à l'URSS (0-1). Un triplé de Marco Van Basten contre l'Angleterre les remet dans le droit chemin. L'Irlande ne pèse pas plus lourd (1-0). Vainqueurs de l'Allemagne en demi-finale, les *Oranje* s'offrent le trophée en battant l'URSS en finale sur des buts de Ruud Gullit et Marco Van Basten.

Fiche d'identité

Premier match : le 30 avril 1905 en Belgique (victoire 4-1).
Plus large victoire : 11-0 contre Saint-Marin le 2 septembre 2011.
Plus large défaite : 12-2 pour l'Angleterre le 21 décembre 1907.
Surnoms : les *Oranje* (les orange), les Bataves.
Palmarès : Euro 1988.
Joueurs emblématiques : Dennis Bergkamp, Johan Cruyff, Edgar Davids, Frank De Boer, Ronald De Boer, Ed De Goey, Ruud Gullit, Patrick Kluivert, Ronald Koeman, Ruud Krol, Wim Jansen, Jan Jongbloed, Roy Makaay, Johan Neeskens, Johnny Rep, Frank Rijkaard, Arjen Robben, Clarence Seedorf, Wesley Sneijder, Marco Van Basten, Edwin Van der Sar, Ruud Van Nistelrooy, Robin Van Persie, Aron Winter.

Capitaine de sa sélection nationale, Johan Cruyff conduit les Pays-Bas en finale de la Coupe du monde 1974. Hélas, les Néerlandais s'inclinent 2 à 1 face au pays organisateur qu'est l'Allemagne.

L'URUGUAY
PREMIER DE CORDÉE

Un peu en retrait à partir des années 1960, l'Uruguay fut la première nation à remporter la Coupe du monde de football, en 1930, sur ses terres. Dorado, Castro ou Gestido furent les héros d'un jour.

Fiche d'identité

Premier match : le 16 mai 1901 contre l'Argentine (défaite 3-2).
Plus large victoire : 9-0 contre la Bolivie le 9 novembre 1927.
Plus large défaite : 6-0 pour l'Argentine le 20 juillet 1902.
Surnom : la *Celeste* (les bleu ciel).
Palmarès : Copa América (1916, 1917, 1920, 1923, 1924, 1926, 1935, 1942, 1956, 1959, 1967, 1983, 1987, 1995, 2011), Jeux olympiques (1924, 1928), Coupe du monde (1930, 1950).
Joueurs emblématiques : Sebastián Abreu, José Andrade, Fabián Carini, Enzo Francescoli, Diego Forlán, Diego Lugano, Ernesto Mascheroni, Roque Máspoli, Oscar Míguez, Paolo Montero, José Nasazzi, Pedro Petrone, Álvaro Recoba, Rodolfo Rodríguez, Ángel Romano, Héctor Scarone, Luis Suárez, Obdulio Varela.

◎ LES DÉBUTS

Sur pied au début des années 1900, l'Uruguay ne tarde pas à montrer sa supériorité aux autres nations sud-américaines. Dans les premières années, la Copa América aurait pu être rebaptisée « Copa Uruguay ». La *Celeste* remporte en effet six des dix premières éditions, entre 1916 et 1926. Une domination confirmée lors des Coupes du monde 1930 et 1950.

◎ LE JOUEUR MARQUANT

Aussi élégant sur le terrain que dans la vie, Enzo Francescoli est considéré comme l'un des meilleurs milieux offensifs que le football ait connus. Surnommé « le Prince », il portera à soixante-treize reprises le maillot bleu de la *Celeste*. Souvent récompensé par des trophées en club, Francescoli peina un peu plus en sélection. S'il remporta trois fois la Copa América, la Coupe du monde se refusa à lui, avec deux éliminations prématurées en 1986 et 1990.

◎ LE GRAND EXPLOIT

Remporter la Coupe du monde n'est pas une tâche aisée. Mais au Brésil, face au pays hôte en finale, cela relève de la mission impossible… ou presque ! En 1950, l'Uruguay se qualifie pour le tour final à quatre équipes. Si officiellement il n'y a pas de finale, l'Uruguay et le Brésil s'affrontent pour désigner le vainqueur du tournoi. Après avoir concédé l'ouverture du score à la 47e, les Uruguayens égalisent (66e), puis prennent l'avantage par Ghiggia à la 79e, devant 174 000 spectateurs médusés.

Star de la sélection uruguayenne, Diego Forlán ne parvient pas à guider les siens vers la finale du Mondial 2010. Il ouvre le score, mais les Pays-Bas s'imposent 3 à 2.

LA HONGRIE

PAS DE CHANCE POUR LE ONZE D'OR !

Place forte du football européen dans la première moitié du xxe siècle, la Hongrie a disparu par la suite de la scène internationale. Elle n'a plus participé à l'Euro depuis 1976, et à la Coupe du monde depuis 1986.

◎ LES DÉBUTS

Dès 1902, la sélection hongroise parcourt le monde pour proposer son football léché. Absente de la Coupe du monde 1930 en Uruguay, elle est présente à Rome (1934), où elle tombe en quart de finale devant l'Autriche, puis à Paris (1938), où, favorite, elle chute en finale contre l'Italie, qui conserve son trophée. Avec quinze buts au compteur, la Hongrie termine cependant l'édition 1938 comme la nation la plus prolifique.

◎ LE JOUEUR MARQUANT

Le « Major Galopant » fit rêver les foules au cœur des années 1950. Champion olympique en 1952, Ferenc Puskás tombe pourtant de haut en finale de la Coupe du monde 1954. Grandissime favorite à la succession de l'Uruguay, la Hongrie échoue de manière étonnante face à l'Allemagne (2-3). Puskás quitte la sélection deux ans après, avec un bilan incroyable de 84 buts en 85 matchs, soit presque une moyenne d'un but par rencontre !

◎ LE GRAND EXPLOIT

À l'origine du football en 4-4-2, la Hongrie régale les foules aux quatre coins du monde à partir de 1950. C'est le « Onze d'or ». En 1952, elle devient championne olympique. Archifavoris, récitant un football parfait, les Hongrois vont commettre l'impardonnable en 1954 lors de la Coupe du monde en Suisse. Opposés à l'Allemagne en finale, ils mènent très vite 2 à 0. Ils réussissent alors l'« exploit » de concéder trois buts et de laisser échapper la Coupe du monde.

Fiche d'identité

Premier match : le 12 octobre 1902 en Belgique (défaite 5-0).
Plus larges victoires : 12-0 contre la Russie le 14 juillet 1912 ; même score contre l'Albanie le 24 septembre 1950.
Plus larges défaites : 7-0 pour l'Angleterre le 10 juin 1908 et le 30 juin 1912 ; même score pour l'Allemagne le 6 avril 1941.
Surnoms : les Magyars Magiques, le Onze d'or, l'Équipe d'or.
Palmarès : Jeux olympiques (1952, 1964, 1968).
Joueurs emblématiques : József Bozsik, László Fazekas, Imre Garaba, Gyula Grosics, Gábor Király, Sándor Kocsis, Kálmán Kovács, László Kubala, Ferenc Puskás, György Sárosi, Imre Schlosser-Lakatos, Lajos Tichy.

Finale de la Coupe du monde 1954. Seule rencontre perdue par les Hongrois entre 1950 et 1956.

DES RECORDS À GOGO !

Entre un Roger Milla capable de disputer une Coupe du monde à 42 printemps et un Messi qui aligne cinq buts en un seul match, le foot est riche de records en tout genre. Petit tour des exploits les plus fous.

bwin
NEW HOLLAND
FIAT GROUP

LES RETOURS IMPROBABLES

Un match n'est pas terminé tant que l'arbitre n'en a pas sifflé la fin. Certaines équipes l'ont appris à leurs dépens.

Euphorique, Dugarry met à mal la défense du Milan AC. Le doublé du Bordelais contribue au retour des Girondins et à leur qualification pour le tour suivant.

◎ MILAN TOMBE DE HAUT

Quart de finale retour de la Coupe UEFA 1996. Bordeaux reçoit le grand Milan AC de Baggio, Maldini et Baresi. Battus 2-0 à l'aller, les Girondins ont peu de chances de se qualifier. Mais, trop confiants, les Italiens prennent le match à l'envers. Dès la 14e minute, Didier Tholot ouvre le score. Dans une ambiance de feu, Christophe Dugarry double la mise à la 64e minute. Les Transalpins sont amorphes face à des Bordelais survoltés. Six minutes plus tard, sur une passe de Zinédine Zidane, Dugarry marque le troisième but. Pendant les vingt dernières minutes, Bordeaux fait le dos rond et conserve ce score de 3-0 grâce à un Gaëtan Huard parfait dans sa cage.

◎ INCROYABLES OLYMPIENS

Le 22 août 1998, l'Olympique de Marseille reçoit Montpellier devant plus de 56 000 personnes. En 34 minutes de jeu, les Montpelliérains jettent un terrible froid sur le stade Vélodrome. Bakayoko (15e, 34e), Robert (19e) et Sauzée (23e) portent le score à 4 à 0. Les supporteurs marseillais sifflent leurs joueurs lorsqu'ils rejoignent les vestiaires à la mi-temps pour un repos salvateur. Le retournement de situation n'en sera que plus beau. Après une heure de jeu, Florian Maurice réduit l'écart sous quelques timides applaudissements. Trois minutes plus tard, le champion du monde Christophe Dugarry redonne de l'espoir aux siens. La folie embrase les tribunes quand, à la 71e minute, il ramène le score à 4-3. À la 84e minute, Éric Roy égalise (4-4). Dans une ambiance totalement surréaliste, le stade entier chante d'une seule voix et se met à croire à un improbable exploit. Il a lieu à la 90e minute, lorsque Laurent Blanc transforme un pénalty sifflé par M. Sars, pour une victoire 5 à 4 et une soirée magique.

◎ WILTORD/TREZEGUET, UN DUO GAGNANT

Finale de l'Euro 2000 aux Pays-Bas. L'Italie mène 1 à 0 face à la France depuis la 55e minute et un but de Marco Delvecchio. Dugarry, Zidane, Henry, tous se sont cassé les dents sur le but de Toldo. On joue les arrêts de jeu depuis trois minutes quand, sur un long dégagement de Fabien Barthez, Trezeguet prolonge de la tête pour Wiltord ; son tir croisé du gauche dans la surface de réparation trompe la vigilance du gardien transalpin (1-1, 90e + 3). Revenue de l'enfer, la France réalise l'improbable en prolongation. À la 102e minute, Robert Pires déborde côté gauche et centre en retrait pour Trezeguet, qui, d'une reprise de volée, envoie le cuir en pleine lucarne et offre le titre aux Bleus. La France réussit un doublé inédit Coupe du monde (1998)/championnat d'Europe (2000).

◎ IMPOSSIBLE N'EST PAS ANGLAIS

Finale de la Ligue des champions 1999. Au Camp Nou, à Barcelone, le Bayern Munich mène 1 à 0 face à Manchester United grâce à un but de Basler dès la 6e minute. Les Anglais font le siège du but allemand. Il reste trois minutes d'arrêts de jeu lorsque l'impensable se produit. Sur un corner de David Beckham, le ballon est disputé dans la surface de réparation ; Teddy Sheringham frappe au but et égalise (90e + 1). Les Allemands ne vont pas s'en remettre. Dans la foulée, Beckham exécute un nouveau coup de pied de coin. La panique envahit la défense munichoise, qui ne peut rien face à la réactivité de Solskjær (90e + 3). Manchester United remporte sa deuxième Ligue des champions.

Menés 1 à 0 par le Bayern Munich à l'entame des arrêts de jeu, les Anglais de Manchester United inversent la tendance en deux minutes. Et remportent la finale 2 à 1.

de Caen Michel Rio. C'est aujourd'hui encore le but le plus rapide de l'histoire de la Ligue 1. Seul le Brésilien de Bordeaux Denílson s'en est approché en marquant après onze secondes de jeu face à Nice en 2006.

Redoutable attaquant du championnat de France, Michel Rio marque souvent… et vite. Il détient le record de rapidité avec une ouverture du score en 8 secondes !

◎ HAKAN ŞÜKÜR MET LA TURQUIE SUR ORBITE

Coupe du monde 2002. Pays hôte de la compétition avec le Japon, la Corée du Sud affronte la Turquie lors de la petite finale. En ligne de mire : la médaille de bronze. Après que les Coréens ont donné le coup d'envoi de la rencontre, les Turcs récupèrent très vite le cuir. Lancé dans le dos de la défense asiatique, Hakan Şükür se présente seul face à Lee Woon-Jae et ouvre le score après seulement 10,8 secondes de jeu. Soit le but le plus rapide dans l'histoire de cette compétition. Avant Hakan Şükür, le Tchèque Václav Mašek, en 1962, n'avait mis que 15 secondes pour ouvrir le score face au Mexique.

10,26 secondes. Ce n'est pas le temps de Roy Makaay sur 100 m. Mais la vitesse qu'il lui a fallu pour tromper la vigilance adverse un soir de coupe d'Europe contre le Real Madrid.

◎ ROY MAKAAY PLUS VITE QUE SON OMBRE

Après une défaite 3 à 2 au match aller, le Bayern Munich reçoit le Real Madrid en huitième de finale retour de la Ligue des champions 2007 avec la ferme intention de s'imposer. Les Bavarois ne perdent pas de temps : après 10,26 secondes de jeu, l'attaquant néerlandais Roy Makaay trompe la vigilance d'Iker Casillas et dessine les contours d'un succès (2-1) qui emmènera les Allemands en quart de finale. Le précédent record était l'apanage du Brésilien d'Arsenal Gilberto Silva, à qui 20 secondes avaient suffi pour ouvrir le score face au PSV Eindhoven en 2002.

◎ FRANCK SAUZÉE, LE LUCKY LUKE FRANÇAIS

34 secondes. C'est le temps qu'il aura fallu à Franck Sauzée pour ouvrir le score avec les Bleus le 30 mars 1991. Ce soir-là, la France reçoit l'Albanie au Parc des Princes. Sur le coup d'envoi, le Norvégien M. Halle siffle une faute pour les Tricolores. Le maître artificier français se charge de tirer le coup franc à plus de 25 mètres et fait mouche. Depuis, personne n'a fait mieux que Sauzée sous le maillot de l'équipe de France. En 2006, face aux îles Féroé, Louis Saha s'en est fortement approché en marquant au bout de 36 secondes.

ÂGÉS MAIS EFFICACES

Malgré le temps qui passe, certains joueurs restent au top et continuent d'éblouir les supporteurs.

◎ UNE VICTOIRE CANONIQUE

Le poids des ans n'a parfois aucune prise sur les sportifs de haut niveau. Dino Zoff en fut la preuve vivante à l'occasion de la Coupe du monde 1982 en Espagne. Portier de la sélection italienne, Zoff est âgé de 40 ans et 133 jours lors de la finale face à la république fédérale d'Allemagne (RFA). Héroïque tout au long de la rencontre, l'Italien ne cède qu'à la 83e minute, sur une réalisation de Breitner. Un but sans conséquence puisque la *Squadra Azzurra* s'imposera 3 à 1, faisant de Dino Zoff le joueur le plus âgé ayant remporté une Coupe du monde.

◎ LE VIEUX LION RUGIT TOUJOURS

1994. Les États-Unis accueillent la Coupe du monde de football pour la première fois de l'histoire. Le 28 juin, face à la Russie, à l'âge de 42 ans et 39 jours, le Camerounais Roger Milla devient le plus vieux joueur à disputer une rencontre de niveau international. Le « Lion Indomptable » (surnom donné aux joueurs du Cameroun) entre une seconde fois dans l'histoire en inscrivant le but de l'honneur à la 46e minute (défaite 6-1). Milla dispute ce jour-là son dernier match avec sa sélection nationale.

Légende du football camerounais, Roger Milla entre dans l'histoire lors du Mondial 1994 aux États-Unis. Au cours de ce remplacement, il devient le joueur et le buteur le plus âgé en Coupe du monde.

◎ INUSABLE MARCO BALLOTTA

S'il n'est plus rare de voir des joueurs de champ jouer jusqu'à l'âge de 37, 38 ou 39 ans, ce sont les gardiens qui restent généralement le plus longuement en activité. Marco Ballotta, le portier de la Lazio Rome, a établi un nouveau record en Ligue des champions. Le 3 octobre 2007, face au Real Madrid, à l'âge de 43 ans et 183 jours, il devient le plus vieux joueur à disputer un match de coupe d'Europe. Ballotta quittera le haut niveau à l'issue de la saison suivante, à 44 ans, et disputera quelques matchs encore une année en tant qu'amateur sous les couleurs de Calcara Samoggia.

Habitué aux trophées, Paolo Maldini n'en est pas moins ivre de bonheur. Liverpool battu 2 à 1, le Milan AC et son fidèle capitaine remportent une nouvelle Ligue des champions.

◎ UNE FIDÉLITÉ À TOUTE ÉPREUVE

C'est à l'âge de 41 ans que Paolo Maldini a rangé ses crampons, après 25 ans de carrière et 647 matchs sous le maillot *rossonero*. Un quart de siècle durant lequel l'Italien a porté uniquement le maillot du Milan AC. Sous sa tunique rouge et noire, l'international transalpin a empilé les trophées et les records. Il a notamment disputé 8 finales de Ligue des champions pour 5 victoires. En coupe d'Europe, Maldini détient un autre record. Le numéro 3 du Milan AC est ainsi le buteur le plus rapide de l'histoire au cours d'une finale : en 2005, face à Liverpool, il a ouvert le score après à peine 52 secondes de jeu.

SURPRENANTS GARDIENS

Fantasques, uniques, buteurs… les gardiens de but ont souvent une personnalité à part dans le monde du foot.

◎ PREMIER GARDIEN BUTEUR

25 mars 1882. À l'Hampden Park de Glasgow, l'Écosse reçoit le pays de Galles à l'occasion d'un simple match amical. Dans sa cage, James McAulay veille à ne pas encaisser de but. Avec succès. Mais il va faire mieux en inscrivant le cinquième et dernier but de son équipe. L'Écossais devient ainsi le premier gardien de but de l'histoire à marquer au cours d'un match. Dans cet exercice de style, le portier paraguayen José Luis Chilavert excellait : il achèvera sa carrière avec un bilan de soixante-deux réalisations entre 1988 et 2003.

◎ L'INCROYABLE LONGÉVITÉ DE PETER SHILTON

Trente-deux ans. Voilà le nombre d'années durant lesquelles Peter Shilton aura évolué au plus haut niveau. Brillant gardien de but, le Britannique aura fait le bonheur de onze clubs anglais dont Leicester City, Stoke City, Nottingham Forest, Southampton ou encore Derby County, où il aura chaque fois disputé plus de cent matchs. Rencontres amicales ou internationales, Shilton aura disputé 1 939 parties au cours de sa carrière. En trois Coupes du monde (1982, 1986, 1990), il aura réussi à conserver sa cage inviolée pendant dix matchs. Un record détenu à égalité avec le Français Fabien Barthez. Lorsque Shilton range ses gants en 1997, il est âgé de 48 ans.

Éternel jeune homme, Peter Shilton aura exercé son talent de gardien de but jusqu'à l'âge canonique de 48 ans.

◎ TRANSFERT RECORD POUR UN GARDIEN

À chaque transfert de joueur, des millions d'euros sont échangés entre les clubs concernés. Bien souvent, les sommes les plus élevées portent sur les attaquants ou les milieux offensifs au rendement efficace. Chez les gardiens, il est plus rare que les montants atteignent des sommets. Portier de l'équipe de Parme, Gianluigi Buffon a changé de tunique à l'été 2001 pour rejoindre les rangs de la Juventus de Turin. Les dirigeants de la « Vieille Dame » de l'époque ont alors déboursé cinquante-trois millions d'euros pour l'enrôler. Un record jamais battu à ce jour.

◎ MON GARDIEN, CE HÉROS

Helmuth Duckadam était le gardien du Steaua Bucarest dans les années 1980. Lors de la finale de la Coupe des clubs champions européens 1986 face au FC Barcelone, les deux formations sont incapables d'inscrire le moindre but. Elles vont devoir se départager durant une palpitante séance de tirs au but. Le portier roumain va alors entrer dans l'histoire du football en stoppant les quatre tentatives ibériques ! Les joueurs catalans se présentent les uns après les autres, mais rien n'y fait : Alexanko est le premier à se casser les dents sur Duckadam ; Pedraza, Pichi Alonso et Marcos Alonso n'ont pas plus de chance ; tous se heurtent à la baraka du gardien du Steaua Bucarest, qui offre la coupe d'Europe à son club – la seule remportée à ce jour par un club roumain. Duckadam devient un héros aux yeux de tous, dont Ramón Mendoza, le président du Real Madrid, grand rival du FC Barcelone. Et c'est ici que la légende commence. Mendoza aurait voulu remercier Duckadam d'avoir privé le Barça du titre européen en lui offrant une Mercedes. Un des fils du président roumain Ceauşescu, ne l'entendant pas de cette oreille, aurait souhaité récupérer le cadeau. Refus de Duckadam. L'histoire n'a jamais été confirmée, mais, quelques jours après, Duckadam aurait eu les dix doigts cassés par la police roumaine. Ce qui est certain, c'est que plus jamais Duckadam ne joua au plus haut niveau.

Malgré la volonté des Barcelonais de revenir au score, rien n'y fait. Les Catalans se heurtent à un Helmuth Duckadam impeccable. Que ce soit sur sa ligne ou, comme ici, dans un duel aérien.

◎ MAZARÓPI, UN REMPART INFRANCHISSABLE

Le rôle premier d'un gardien de but est de récupérer le moins souvent possible le ballon au fond de ses filets. À ce petit jeu, Geraldo Pereira de Matos Filho, plus connu sous le nom de Mazarópi, a respecté le contrat mieux que quiconque. Sous les couleurs du Vasco de Gama, le portier brésilien a réussi à garder sa cage inviolée durant 1 816 minutes entre mai 1977 et septembre 1978, soit l'équivalent de vingt matchs de football. En Europe, le Néerlandais de Manchester United Edwin Van der Sar a su rester invincible pendant 1 311 minutes (saison 2008-2009). En France, ce record est l'œuvre du Bordelais Gaëtan Huard avec un total de 1 266 minutes au cours de la saison 1992-1993.

◎ EXPULSION SANS APPEL

Coupe du monde 1994. Le 23 juin, dans le cadre de son deuxième match de poule, face à la Norvège, l'Italie doit absolument se refaire après sa défaite inaugurale contre l'Irlande du Nord (0-1). Et, si le succès est au rendez-vous grâce à un but de Dino Baggio (1-0), tout n'aura pas été simple. À la 21e minute de jeu, Gianluca Pagliuca prend le ballon des mains en dehors de sa surface de réparation. La sanction est immédiate : l'arbitre de la rencontre, l'Allemand Helmut Krug, n'a pas d'autre choix que d'expulser le gardien transalpin. C'est ainsi que Pagliuca devient le premier portier à écoper d'une telle sanction en phase finale de Coupe du monde. Il fera son retour lors du quart de finale victorieux contre l'Espagne (2-1).

LES RENARDS DES SURFACES

Les attaquants ont un sixième sens : celui du but. Zoom sur les records en pleine lucarne.

◎ UN BUTEUR EN SÉRIE

Inutile de le présenter. Edson Arantes do Nascimento, dit Pelé, est le plus grand joueur de l'histoire. Durant toute sa carrière, il n'a eu de cesse d'empiler les buts et de battre des records. Le Brésilien a inscrit 6 quintuplés, 30 quadruplés et 92 triplés. En 1964, alors qu'il porte les couleurs du Santos FC, Pelé marque 8 buts dans le même match face à Botafogo. Cinq ans plus tard, c'est dans un délire indescriptible, au stade Maracanã, que Pelé envoie le ballon au fond des filets pour la millième fois. Au total, l'icône brésilienne comptabilisera 1 281 buts en 1 363 rencontres. Pelé détient aussi le record de buts en une saison avec... 126 réalisations !

◎ INCROYABLE QUINTUPLÉ

Marquer un but au cours d'un match de Ligue des champions n'est jamais simple. En revanche, envoyer cinq fois le ballon au fond des filets relève de l'exploit. Le 7 mars 2012, 75 632 spectateurs sont massés dans les travées du Camp Nou de Barcelone pour assister au huitième de finale retour de Ligue des champions entre le Barça et les Allemands du Bayer Leverkusen. Ils ne vont pas être déçus ! Ce jour-là, l'Argentin Lionel Messi entre dans l'histoire de la Ligue des champions en frappant à cinq reprises dans une seule et même rencontre, entre la 25e et la 85e minute de jeu.

Ligue des champions 2011-2012. Incroyable de facilité, Leo Messi inscrit ici son cinquième but de la soirée contre Leverkusen. Un record.

◎ CINQ À LA SUITE POUR SALENKO

28 juin 1994. La Russie dispute son dernier match de poule face au Cameroun lors de la Coupe du monde aux États-Unis. Déjà éliminées de la compétition, les deux formations s'affrontent pour l'honneur. Ce jour-là, le buteur Oleg Salenko réalise une performance de choix. Au bout de quinze minutes de jeu il ouvre le score, avant de doubler (41e), puis de tripler la mise (44e). Au retour des vestiaires, le Russe ne s'arrête pas en si bon chemin et fait de nouveau trembler les filets, aux 72e et 75e minutes, pour un quintuplé historique.

◎ 13 : UN NOMBRE PORTE-BONHEUR

1958. La sixième Coupe du monde pose ses valises en Suède. Vavá, Garrincha, Bobby Charlton et Raymond Kopa vont être les principaux acteurs de cette édition. Sans oublier un homme, l'attaquant tricolore Just Fontaine. L'artificier du Stade de Reims va réaliser une performance de choix en inscrivant pas moins de treize buts en six rencontres. Avec notamment un quadruplé lors de la petite finale victorieuse (6-3) face à la RFA. Depuis, jamais un joueur n'est parvenu à trouver autant de fois le chemin des filets en Coupe du monde. Le Brésilien Ronaldo a bien marqué quinze buts, mais sur trois éditions (1998, 2002 et 2006).

LES COUPES D'EUROPE

Gagner le championnat national est toujours une grande fierté. Mais l'étape suivante, la coupe d'Europe, l'est bien plus encore.

◎ LES PLUS TITRÉS

Vainqueur de la première édition en 1956, le Real Madrid détient le plus grand nombre de victoires en Ligue des champions : 9 au total, dont 5 à la suite entre 1956 et 1960. Sur ces 9 succès, l'ailier Francisco Gento, fidèle au club madrilène pendant 18 saisons, en décrochera 6. Un record. Derrière suivent le Milan AC (7 trophées) et Liverpool (5). L'Olympique de Marseille est le seul club français à avoir remporté cette compétition (1-0 face au Milan AC en 1993).

◎ LA FINALE LA PLUS TRAGIQUE

La finale de la Coupe des clubs champions européens 1985 restera comme la plus sombre de l'histoire. Ce soir-là, la Juventus de Turin et Liverpool doivent s'affronter au stade du Heysel, à Bruxelles, rebaptisé aujourd'hui stade du Roi-Baudouin. Une heure avant le coup d'envoi, des hooligans anglais chargent des *tifosi*. S'ensuit un mouvement de foule, et, sous le poids des supporteurs, un muret s'effondre. Des gens sont piétinés. Le bilan fera état de trente-neuf morts et de centaines de blessés. La rencontre a lieu malgré tout, et la Juventus l'emporte sur un pénalty de Michel Platini, qui ne remettra jamais les pieds dans cette enceinte.

◎ LES ROULEAUX COMPRESSEURS

Lorsque la coupe d'Europe est en point de mire, seule la victoire compte. La plus belle preuve provient des Portugais du Sporting. Engagés en Coupe des coupes lors de la saison 1963-1964, ils affrontent les Chypriotes de l'Apoel Nicosie en huitième de finale. Sur sa pelouse, le Sporting étrille Nicosie 16 à 1, avec notamment un sextuplé de Mascarenhas. Ce record de buts dans un match européen reste à battre aujourd'hui. L'autre fait marquant, toujours dans cette Coupe des coupes, se joue dans l'édition 1971-1972. Au premier tour, les Anglais de Chelsea affrontent la faible formation luxembourgeoise de la Jeunesse Hautcharage. Vainqueur 13-0 à l'aller et 8-0 au retour, le club londonien détient le record du nombre de buts inscrits dans la formule aller-retour.

◎ TOUJOURS DANS LES BONS COUPS

Il est de la caste des grands joueurs. Toujours là où il faut, Clarence Seedorf a su se forger l'un des plus beaux palmarès du football néerlandais. Milieu de terrain polyvalent au talent incontestable, il est à ce jour le seul footballeur à avoir soulevé à quatre reprises le précieux trophée de la Ligue des champions avec trois formations ! Le Batave a ouvert son palmarès en 1995, à l'âge de 19 ans, sous les couleurs de l'Ajax Amsterdam, en prenant le dessus sur le Milan AC (1-0). C'est avec ce mythique club italien qu'il réalisera un doublé (2003, puis 2007). Entre-temps, Seedorf a également goûté à l'ivresse du succès sous le maillot du Real Madrid (1998).

Le début d'une ère dorée pour Clarence Seedorf. Alors à l'Ajax Amsterdam, il soulève ici la première de ses quatre Ligues des champions.

DES HISTOIRES SANS FIN... OU PRESQUE

Lorsque la compétition l'exige, les rencontres se finissent par une séance de tirs au but. Souvent rapide, elle peut sembler parfois interminable.

◎ TRIPLE ÉCHEC

Tirer un pénalty demande une grande concentration. C'est ce qui manqua à Martín Palermo lors du match de poule de la Copa América 1999 face à la Colombie. Battus 3 à 0, les Argentins devaient maudire leur attaquant au sortir de la pelouse. En effet, Palermo réussit l'exploit, dont il se serait bien passé, de louper trois pénaltys dans la même soirée. Le premier, à la 5e minute, s'écrasa sur la barre transversale. Le deuxième, à la 76e, ne fut même pas cadré. Quant au troisième, il fut stoppé par le gardien Miguel Calero, parti du bon côté.

AU BOUT DE LA NUIT

Tenant du titre de la Coupe de Turquie, Galatasaray ne va pas pouvoir défendre sa couronne lors de l'édition 1996-1997. La faute à pas de chance. En huitième de finale, Galatasaray et Gençlerbirliği, dos à dos après la prolongation, doivent se départager au cours de la loterie qu'est l'épreuve de tirs au but. Les cinq premiers tireurs de chaque équipe réussissent leur tentative. On arrive donc à la « mort subite » : la première formation qui échoue a perdu. Ce moment, les spectateurs ont cru qu'il ne se produirait jamais. Les deux équipes étant à égalité 16 à 16, il fallut attendre le trente-troisième tir pour assister à un échec d'Ilyas, un joueur de Galatasaray.

Auteur de nombreuses facéties au cours du match et de la séance de tirs au but, Duckadam fut le grand artisan du succès des siens.

UNE VICTOIRE SANS SANG-FROID

Garder le contrôle coûte que coûte : telle est la recette pour réussir une séance de tirs au but. C'est exactement ce que le Steaua Bucarest et le FC Barcelone ne purent faire en 1986 lors de la finale de la Coupe des clubs champions européens. Si les Roumains sortirent vainqueurs de leur duel face aux Espagnols, ils le durent en grande partie à leur gardien Helmuth Duckadam, auteur de quatre arrêts. Et c'est avec seulement 25 % de réussite aux tirs (2/8) que le Steaua remporta la « coupe aux grandes oreilles ».

RECORD DU MONDE

L'édition 2004-2005 de la Coupe de Namibie a connu le record du monde de la plus longue séance de tirs au but : ce n'est qu'à la quarante-huitième tentative que le KK Palace s'imposa au détriment des Civics (17-16). La deuxième séance la plus longue a eu lieu en Argentine en novembre 1988. Ce jour-là, après quarante-quatre essais et cinquante minutes, Argentinos Juniors battit le Racing Club par 20 tirs au but à 19.

DES DÉFAITES QUI FONT MAL

Il y a des revers honorables et d'autres que l'on préférerait oublier. Gros plan sur quelques lourdes défaites de l'histoire du foot.

Zdrilic et les Australiens seront les impitoyables bourreaux des Samoas américaines. Vainqueurs 31 à 0, ils signent un succès sans précédent.

◎ IMPITOYABLE AUSTRALIE

Les Samoas américaines se souviendront longtemps de ce déplacement en Australie. Le 11 avril 2001, en match éliminatoire pour la Coupe du monde 2002, les Samoas s'inclinent 31 à 0, ce qui représente la plus lourde défaite dans le cadre d'une rencontre internationale. Après avoir fait bonne figure en résistant dix minutes, les visiteurs vont totalement perdre pied. Boutsianis ouvrira la marque à la 10e, avant que Zdrilic ne la ferme à la 89e. Entre-temps, cinq autres joueurs auront trompé Nicky Salapu, le malheureux gardien américano-samoan. Avec treize réalisations au cours de la soirée, l'Australien Archie Thompson établira le record du joueur le plus prolifique sur un match en sélection nationale.

◎ UN BUT ET DEMI À LA MINUTE

Octobre 2002, avant-dernière journée du championnat de Madagascar. À la suite d'un pénalty très discutable sifflé à la dernière minute, le Stade olympique de l'Emyrne (SOE) se fait rejoindre au score par le Domoina Soavina Atsimondrano (2-2) et voit ses espoirs de titre s'envoler au profit de l'AS Adema. Lors de la dernière journée, pour protester contre cette décision arbitrale, les joueurs du SOE se laissent totalement aller face au nouveau champion, l'AS Adema. À chaque coup d'envoi, ils se ruent sur le ballon pour marquer contre leur camp. Incrédules, les joueurs de l'AS Adema ne savent pas quoi faire. Les buts défilent au rythme d'1,65 par minute en moyenne. À l'issue de la rencontre, l'AS Adema l'emporte 149 à 0, ce qui constitue un record absolu. Ce comportement ne restera pas sans suite : la fédération malgache suspendra et interdira de stade l'entraîneur du SOE pour une durée de trois ans.

◎ TRISTE FRANCE

Présente aux Jeux olympiques de Londres en 1908, la France y fait pâle figure. Son premier match, la sélection tricolore le perd 9 à 0 devant le Danemark. Trois jours plus tard, en demi-finale, les Bleus remettent ça face au même adversaire. Et, là encore, les Danois ne font pas semblant. Nielsen inscrit dix buts dans le match, en laissant un à Middelboe, deux à Lindgren et quatre à Wolfhagen. Sartorius aura beau réduire l'écart pour les Tricolores (17-1), il s'agit de la plus large défaite de l'équipe de France de football à ce jour.

◎ LYON APHONE

Quelques mois plus tôt, l'AJ Auxerre a réalisé un historique doublé championnat/Coupe de France. Sur sa lancée, le club bourguignon enchaîne les bons résultats. Ce 25 octobre 1996, l'Olympique lyonnais de Pascal Olmeta se déplace sur les bords de l'Yonne pour affronter l'AJA. Les Rhodaniens ne vont pas faire le voyage pour rien. Menés 1 à 0 dès la 5e minute sur un but de Deniaud, ils voient Diomède, Saïb à deux reprises, Marlet et Lepaul se régaler sur le front de l'attaque, aidés par Sassus contre son camp, pour un succès 7 à 0. Soit l'un des plus lourds revers qu'un club de première division ait pu connaître.

LA FOLIE DES GRANDEURS

Construire une équipe est coûteux, surtout lorsque vous souhaitez attirer les meilleurs joueurs du monde. Retour sur les transferts les plus retentissants de leur époque.

CR7

Été 2009 : joueur-vedette de Manchester United, le Portugais Cristiano Ronaldo souhaite voir si l'herbe est plus verte ailleurs. Son choix se porte sur le Real Madrid. Mais, pour endosser le maillot de la « Maison Blanche », il va devoir attendre que les Madrilènes trouvent un accord financier avec les Mancuniens. Lorsqu'il sera conclu, le transfert fera l'effet d'une bombe dans le milieu du sport : les Espagnols débourseront en effet 94 millions d'euros pour s'attacher les services du Ballon d'or 2008, surnommé « CR7 » en raison de ses initiales et du numéro de son maillot.

Véritable star de la *Premier League*, Cristiano Ronaldo veut rejoindre le Real Madrid en 2009. Le club espagnol déboursera alors 94 M€ pour dédommager Manchester United.

ZIDANE LE GALACTIQUE

Étoile du football, Zinédine Zidane n'en finit pas de faire rêver les foules. Étincelant à Bordeaux, rayonnant à la Juventus de Turin, il va briller de mille feux au Real Madrid. Le président Florentino Pérez veut ce qu'il y a de mieux pour son club. Beckham, Figo et Ronaldo sont déjà dans les rangs madrilènes. Alors pourquoi pas Zizou ? Cette anomalie est réparée à l'été 2001 : le numéro 10 des Bleus passe de l'Italie à l'Espagne pour la somme de 70 millions d'euros et rejoint le cercle des « Galactiques » du Real.

◎ POUR UNE BOUCHÉE DE PAIN… EN 2012

Platini demeure l'un des meilleurs joueurs de son époque, au même titre que Maradona, Zico ou Boniek. Efficace sous les couleurs de l'AS Saint-Étienne et de l'équipe de France, il attise la convoitise de nombreuses formations européennes. À commencer par la Juventus de Turin : la famille Agnelli veut absolument enrôler le milieu de terrain tricolore. En 1982, les Transalpins sortent les billets pour faire signer Platini. Dérisoire aujourd'hui, la somme est importante pour l'époque : 1 280 000 francs (environ 195 000 euros) pour que l'AS Saint-Étienne laisse partir son maître à jouer.

◎ UN DÉFENSEUR EN OR

Double buteur avec la France en demi-finale de la Coupe du monde 1998 face à la Croatie, Lilian Thuram fait aussi le bonheur de son club d'alors, Parme. Défenseur capable de jouer à droite ou dans l'axe, « Thuthu » est apprécié pour sa polyvalence et son talent. Excellent sous le maillot parmesan, il désire gravir une marche en rejoignant un club plus huppé. À l'été 2001, la Juventus de Turin le recrute contre un chèque supérieur à 36 millions d'euros. Un record pour un défenseur. Français qui plus est.

Si les prix flambent pour les attaquants, il n'est pas rare de voir des défenseurs achetés à prix d'or. En 2001, la Juventus de Turin dépensera 36 M€ pour acquérir les services de Thuram, alors à Parme.

FFF
The Final 2005

DES STADES, DES JOUEURS, DES MAILLOTS...

Des maillots mythiques, des stades en folie, des finales riches en rebondissements, voici quelques anecdotes qui ont nourri l'histoire du football.

UNE HISTOIRE DE MAILLOTS

Une princesse qui relooke son équipe, un club qui paie son sponsor : le football offre parfois des situations cocasses.

C'est avec un maillot aux rayures verticales que l'AS Monaco a connu ses premiers faits d'armes. Notamment lors de l'épopée victorieuse de 1960 en Coupe de France.

Le fait de la princesse. Goûtant peu ce maillot rayé, la princesse Grace Kelly en propose « un "en diagonale" dès 1961 », année du titre de champion de France.

◎ L'AS MONACO CHANGE DE PEAU

En 1961, le maillot rayé du club n'est pas au goût de Grace Kelly. La princesse suggère une tunique rouge et blanche scindée par une diagonale, pour un maillot plus « design » à ses yeux. C'est alors une pièce unique en son genre. Ce changement porte chance aux joueurs de l'ASM puisque cette année-là les partenaires d'Henri Biancheri et de Michel Hidalgo se voient sacrer champions de France pour la première fois de leur histoire.

LE JOUR OÙ L'ITALIE S'EST MISE AU BLEU

La sélection nationale italienne a joué, joue et jouera encore longtemps en bleu. Une bien curieuse couleur quand on sait que le drapeau italien est vert-blanc-rouge. En janvier 1911, les Italiens disputent un match face à la Hongrie et se parent alors d'un maillot bleu en l'honneur de leur famille royale. La couleur est adoptée. De là vient le nom de *Squadra Azzurra* (équipe bleue).

PETITE HISTOIRE DES GRANDS NUMÉROS

Les commentateurs ont pour habitude d'identifier les joueurs grâce au numéro de leur maillot. Mais cela n'a pas toujours été le cas. C'est en 1912 que les numéros apparaissent pour la première fois sur les maillots, lors d'une rencontre entre deux formations australiennes du côté de Sydney. Dans les années 1930, les Anglais adoptent ce procédé. Mais ce n'est qu'en 1950, à l'occasion de la Coupe du monde au Brésil, que la Fifa le met en place au niveau international. Les numéros vont alors de 1 à 16. Dans l'histoire, les numéros les plus célèbres sont le 10 de Pelé, de Diego Maradona, de Michel Platini ou, plus récemment, de Zinédine Zidane ; le 7 de George Best, d'Éric Cantona ou de David Beckham ; ou encore le 14 de Johan Cruyff.

Numéros fétiches. Les grands joueurs sont inséparables de leur numéro fétiche. Ainsi le 14 marqua-t-il toute la carrière de la star néerlandaise Johan Cruyff.

Pendant très longtemps, le FC Barcelone refusa de porter le nom d'un sponsor sur son maillot. La donne changea en 2006 avec l'apparition du logo de l'Unicef.

QUAND LE BARÇA PAIE SON SPONSOR

En cent sept ans d'histoire, le FC Barcelone, très fier de son identité catalane, n'a jamais accepté de sponsor sur son maillot *blaugrana*. Finalement, les dirigeants ont cédé en septembre 2006 pour la bonne cause et de façon originale : le Barça offrait un million et demi d'euros par an, pendant cinq ans, à l'Unicef, une association venant en aide aux enfants défavorisés. Ainsi décorés du logo de l'Unicef, les maillots correspondaient tout à fait à la philosophie de solidarité du club.

JOHAN CRUYFF, UN HOMME À PART

Dans les années 1960-1970, Johan Cruyff est le meilleur joueur néerlandais. Capitaine de sa sélection, il se distingue sur le terrain par ses performances sportives, mais aussi par son maillot. Alors que les Pays-Bas, sponsorisés par Adidas, arborent les fameuses trois bandes, Cruyff a signé avec l'équipementier Puma et se doit de porter une tenue différente de celle de ses partenaires.

QUAND LES STADES S'ANIMENT

Que seraient les footballeurs sans les supporteurs ? Petit florilège de ce qui rend les stades si spéciaux.

AU CŒUR DU KOP

À chaque rencontre ils sont là. Unis derrière leur équipe, les supporteurs chantent, encouragent leurs favoris et parfois sifflent de dépit. Souvent placés dans les virages de l'enceinte, ils forment un *kop*. Ce terme trouve son origine dans l'histoire militaire des Anglais. Spion Kop est ainsi le nom d'une colline située en Afrique du Sud que l'armée britannique tenta de prendre d'assaut lors de la guerre des Boers en 1900. Durant ces affrontements, près de neuf cents militaires anglais périrent. En 1905, en hommage aux victimes, on donna le nom de Spion Kop à une tribune du stade d'Anfield, à Liverpool. Sans sièges et à des prix défiant toute concurrence, les travées étaient alors occupées par les supporteurs les plus démonstratifs. Au début des années 1980, les aficionados français s'approprièrent le mot et appelèrent la tribune la plus chaude d'un stade le *kop*.

Un spectacle à la hauteur des espérances, une ambiance de fête, les supporteurs se lancent alors dans une ola. France/Nouvelle-Zélande, à la Coupe des confédérations 2003, n'échappe pas à la règle.

LA OLA

L'origine de ce mouvement de foule proviendrait d'un match universitaire de football américain disputé en 1983 au Michigan Stadium. Le football ne va pas échapper à ce virus. Cette forme d'ovation prend de l'ampleur lors de la Coupe du monde au Mexique en 1986 : la « vague » prend alors le nom de *ola*. La plus grande ola enregistrée a eu lieu lors des Jeux olympiques de Sydney en 2000 : ce jour-là, 110 000 personnes se sont levées successivement dans le sens inverse des aiguilles d'une montre, contrairement à d'habitude.

LES STADES MYTHIQUES

Quelques stades marquent les esprits en raison de leur capacité d'accueil. Le Camp Nou, à Barcelone, contient 98 772 places. L'Azteca, à Mexico, va jusqu'à 105 094 sièges. Mais c'est à Pyongyang, en Corée du Nord, que l'on trouve actuellement la plus grande enceinte : le Rungrado May Day Stadium peut abriter 150 000 spectateurs. Le plus mythique reste cependant le Maracanã, à Rio de Janeiro, au Brésil. D'une capacité de 200 000 places à son origine, il accueillit 174 000 personnes lors de la finale de la Coupe du monde Uruguay/Brésil (2-1) en 1950. Après de nombreux travaux, le Maracanã est aujourd'hui limité à 82 238 places assises.

L'HYMNE DE LA LIGUE DES CHAMPIONS

Quelques minutes avant le coup d'envoi de chaque rencontre de Ligue des champions, il résonne dans le stade. Cet hymne a été composé au XVIIIe siècle par Georg Friedrich Haendel. *Zadok the Priest* est à l'origine un chant religieux joué à chaque couronnement royal en Grande-Bretagne. Les paroles, réécrites, sont d'une incroyable simplicité et évoquent « les meilleures équipes ».

SOUS LE SIGNE DU TIFO

Les chants des supporteurs accompagnent souvent les joueurs durant les matchs. Mais, juste avant l'entrée des acteurs et jusqu'à quelques minutes avant le coup d'envoi, il n'est pas rare de voir des tifos. C'est en général avant un choc au sommet entre deux grands clubs rivaux que l'on voit les plus beaux. Apparu à la fin des années soixante, le tifo est fait de papiers colorés, de cartons ou encore de drapeaux. Il a pour but de former dans toute une tribune un motif géant, bien souvent aux couleurs d'un club.

Mai 2009 : l'OM est accueilli par ses supporteurs sous un superbe tifo. Chaque club compose le sien pour le proposer à l'entrée des joueurs sur la pelouse.

ZOOMS SUR LA COUPE DU MONDE

Entre fiascos et moments de grâce, la fameuse Coupe du monde offre bien des surprises sur le terrain.

LE FIASCO DE 2002

La France est favorite à sa succession à l'orée de la Coupe du monde 2002, qui se tient en Corée du Sud et au Japon. Mais cela commence mal pour le onze tricolore. Une semaine avant l'ouverture de la compétition, à l'occasion d'une rencontre amicale gagnée 3 à 2 devant la Corée du Sud, Zinédine Zidane se blesse. Lors du match inaugural contre le Sénégal, la France s'incline 1 à 0 après avoir trouvé le poteau et la barre transversale. Tout va de mal en pis pour les Bleus. Face à l'Uruguay, Thierry Henry écope d'un carton rouge dès la 25e minute, et le score final de 0 à 0 n'arrange par les Tricolores. Dans l'obligation de battre le Danemark par deux buts d'écart dans son ultime match de poule, la France s'incline 2 à 0 (malgré le retour de Zidane) et sort de la compétition par la toute petite porte. C'est là la fin d'une période dorée pour le football français.

AU BOUT DE L'ENNUI

La finale de la Coupe du monde 1994 aux États-Unis ne restera pas dans les mémoires. Après un triste 0 à 0, l'Italie et le Brésil doivent se départager par une séance de tirs au but. Une première dans l'histoire de l'épreuve. Les Brésiliens sortiront gagnants de ce duel 3 à 2 grâce à des buts de Romário, Branco et Dunga contre des réalisations d'Albertini et Evani.

Il n'est pas rare de voir un grand joueur manquer un pénalty dans les moments décisifs. Ici, Roberto Baggio loupe sa frappe et offre la Coupe du monde au Brésil après le premier 0-0 de l'histoire dans une finale.

Zidane, Djorkaeff et Petit, protagonistes des trois buts tricolores, peuvent exulter : la France est sacrée championne du monde 98.

ZIZOU, ROI DE FRANCE

Battue en 1958, 1982 et 1986 en demi-finale de la Coupe du monde, la France atteint enfin la finale en 1998, au Stade de France, face au Brésil. Loin d'être favoris, les Bleus vont forcer le destin. Leader de cette équipe, Zinédine Zidane prend ses responsabilités en ouvrant le score de la tête à la 27e minute sur un corner d'Emmanuel Petit venu de la droite. À la 45e, sur une action identique mais de l'autre côté du terrain, Youri Djorkaeff dépose le ballon sur la tête de « Zizou », qui double la mise et met le Brésil K-O. Dans les arrêts de jeu, la France marquera un dernier but par l'intermédiaire de Petit, pour un succès historique 3 à 0.

PREMIER BUT EN OR

Si la France doit beaucoup à Zidane pour sa victoire en 1998, elle peut aussi remercier Laurent Blanc. En huitième de finale, le Paraguay donne du fil à retordre aux Bleus. À la 114e minute, Pires, côté droit, centre dans les six mètres pour Trezeguet, dont la tête atterrit sur le pied droit de Blanc. Le tir croisé du « Président » trompe le gardien de but paraguayen, José Luis Chilavert. Le match est fini avant l'heure. C'est le premier but en or de l'histoire en Coupe du monde.

18 CARATS D'OR PUR

Dessinée en 1974 par Silvio Gazzaniga, la Coupe du monde représente deux athlètes soulevant la Terre. Son poids est de 6,175 kg pour une hauteur de 36,5 cm. Les noms des pays vainqueurs y sont gravés : Uruguay, Italie, Allemagne, Brésil, Angleterre, Argentine, France et Espagne. La coupe précédente, le trophée Jules-Rimet, avait été réalisée par le sculpteur français Abel Lafleur. Elle représentait la déesse de la victoire, Niké, tenant un calice octogonal au-dessus d'elle. La statuette en or reposait sur une base de pierres fines.

Coupe du monde. Tous les quatre ans, elle attise la convoitise des plus grandes nations. Auréolé de trois victoires en 1970, le Brésil conserva l'original dans sa vitrine, avant de se le faire dérober en 1983... pour ne jamais le retrouver.

LES GRANDES PREMIÈRES

Premiers cartons, stratégies inédites, coups de théâtre : retour sur quelques premières historiques.

◎ LA NAISSANCE DU CARTON

C'est à un Britannique que l'on doit l'apparition des fameux cartons. Lors de la Coupe du monde 1966 en Angleterre, l'arbitre Ken Aston assiste au quart de finale de son pays face à l'Argentine. À l'époque, avertissements et expulsions sont annoncés verbalement. À la 35e minute du match, l'Argentin Antonio Rattín est invité à rejoindre les vestiaires. Mais, surprise, il refuse ! Aston n'en croit pas ses yeux. L'histoire raconte que, sur le chemin du retour, à la vue d'un feu de signalisation jaune puis rouge, il a cette idée lumineuse : le jaune égale un avertissement, le rouge une expulsion ! La règle entre en vigueur à la Coupe du monde 1970 au Mexique. Le 31 mai 1970, l'Allemand Kurt Tschenscher est le premier homme en noir à sortir un carton jaune, à l'encontre du Soviétique Evgeni Lovchev. Le premier carton rouge sera donné le 14 juin 1974, lors du Mondial allemand, par l'arbitre turc Doğan Babacan au joueur chilien Carlos Caszely.

◎ PREMIER BUT INTERNATIONAL

Pelé, Platini, Messi, Ronaldo... on ne compte plus les buteurs internationaux qui ont fait ou font le bonheur de leur sélection. Le premier buteur, William Kenyon-Slaney, se révéla lors du match retour de la première rencontre internationale de l'histoire du foot. Le 8 mars 1873, à Londres, l'Angleterre reçoit l'Écosse. Dès la première minute de jeu, sur une touche, Kenyon-Slaney hérite du cuir et ouvre le score pour une victoire des Anglais 4 à 2.

Finale de la Ligue des champions 84.
Bruce Grobbelaar feint d'être ivre sur sa ligne de but. Une tactique payante qui déstabilise les frappeurs adverses durant la séance de tirs au but.

LA RUSE DE GROBBELAAR

Le 30 mai 1984, le stade olympique de Rome accueille la finale de la Coupe des clubs champions européens entre Liverpool et l'AS Rome. Les deux équipes en sont aux tirs au but. Dans sa cage, Bruce Grobbelaar attend que Francesco Graziani s'élance. Si celui-ci rate son pénalty, c'est la victoire assurée pour les Anglais. Grobbelaar chancelle, il semble ivre... Intox ? Oui ! L'attaquant italien est troublé, et, après une course incertaine, il envoie le ballon sur la barre transversale. Grobbelaar est le premier gardien à utiliser ce subterfuge, qui deviendra sa marque de fabrique.

Mené 0-3 à la pause par le Milan AC, Liverpool inverse la tendance avec trois buts en six minutes. Pleins de sang-froid, les Anglais maîtrisent la séance de tirs au but pour remporter la Ligue des champions 2005.

RENVERSANT LIVERPOOL

En finale de la Ligue des champions 2005, face au Milan AC, Liverpool réalise un exploit inédit. À la pause, les Italiens mènent 3 à 0. Et, alors que la cause semble entendue, les *Reds* vont renverser la vapeur. En six minutes, Gerrard (54e), Smicer (56e) et Alonso (60e) égalisent (3-3). On en reste là jusqu'à la séance de tirs au but victorieuse pour Liverpool (3-2).

Victorieuse de la Coupe du monde 98, la France entre un peu plus dans l'histoire. Les Bleus de Deschamps sont les premiers à réussir le doublé en décrochant l'Euro 2000.

LES BLEUS DANS L'HISTOIRE

Deux ans après son succès en Coupe du monde, la France se rend aux Pays-Bas et en Belgique pour disputer l'Euro 2000. Jusqu'alors, aucune sélection n'est parvenue à réaliser le doublé Coupe du monde/championnat d'Europe. Deuxième de sa poule derrière les Pays-Bas, la France sort l'Espagne en quart de finale, puis le Portugal en demie sur un but en or de Zidane (2-1). La suite sera renversante. En finale, la France affronte l'Italie. Après une égalisation de Wiltord au bout du temps additionnel, Trezeguet, sur un but en or, offre le titre aux Bleus pour un doublé historique.

TRISTES TROPHÉES

Joueurs médiocres, mauvaise foi, bagarres, l'histoire du foot n'est pas un long fleuve tranquille.

◎ 20 000 DOLLARS EN FUMÉE

Coupe du monde 1986. Après s'être sortis du piège des poules, puis des huitièmes de finale, la France et le Brésil s'affrontent en quart. La rencontre se tient au stade Jalisco de Guadalajara, au Mexique. Devant 65 000 personnes, les deux sélections vont livrer un match d'une rare intensité. Pour les Brésiliens, la motivation est toute trouvée : en plus de la qualification pour la demi-finale, ils veulent obtenir la prime de 10 000 dollars (soit plus de 8 000 euros aujourd'hui) promise par leur président. À la fin des quatre-vingt-dix minutes, le score est de 1 à 1. Pour motiver un peu plus encore les siens, un dirigeant de la *Seleção* descend sur le terrain et propose de doubler la mise en cas de succès au cours de la prolongation de trente minutes ou de la séance de tirs au but. Une promesse qui n'aura pas l'effet escompté pour les partenaires de Zico : la France se qualifie 4 à 3 après un tir au but décisif de Luis Fernandez.

◎ LE BALLON DE PLOMB

Si la remise du Ballon d'or est un moment fort de la saison de football, personne ne court au contraire après le Ballon de plomb. Inventé en 2003 par la rédaction du magazine *Les Cahiers du football*, il est attribué chaque année au pire footballeur du championnat de France. En neuf éditions, le PSG a vu par quatre fois l'un des siens « récompensé » : Francis Llacer en 2003, Fabrice Fiorèse en 2004, Bernard Mendy en 2006 et Mateja Kežman en 2009.

Franco Baresi, capitaine du Milan AC, et Marco Simone n'en démordent pas. Après la coupure de courant en quart de finale de la C1 1991 contre l'OM, ils ne reviendront pas sur la pelouse.

◎ PÉTAGE DE PLOMBS

En quart de finale retour de la Coupe des clubs champions européens 1990-1991, Marseille reçoit le grand Milan de Silvio Berlusconi. Après un nul à l'aller (1-1), les Olympiens mènent 1 à 0 grâce à Waddle et filent vers la demi-finale. À la 88e, l'éclairage du stade s'arrête brutalement. Au retour de la lumière, les Italiens refusent de reprendre le match. Ils perdront finalement 3 à 0 par forfait et seront privés de compétition européenne l'année suivante.

RECORD DE CARTONS

Lorsque la Coupe du monde est en ligne de mire, les joueurs ne sont pas toujours exemplaires. En 2006, lors d'un huitième de finale, le Portugal et les Pays-Bas ne furent pas exempts de tout reproche. Dès le coup d'envoi, les deux formations commettent de nombreuses fautes. Très vite l'arbitre, M. Ivanov, sort les cartons les uns après les autres. Menant 1-0 à la pause, le Portugal se trouve tout de même réduit à dix après l'expulsion de Costinha. À l'issue du match, M. Ivanov aura sorti douze cartons jaunes et quatre rouges. Un record dans l'histoire de l'épreuve.

Auteur du second but français contre l'Arménie, Mickaël Madar sera un peu moins heureux quelques instants plus tard. Au cours d'un duel aérien, il perd la gourmette que l'on peut voir à son poignet droit. Jamais il ne la retrouvera.

À LA RECHERCHE D'UNE GOURMETTE

Quelques jours avant le début de l'Euro 1996 en Angleterre, la France reçoit l'Arménie à Villeneuve-d'Ascq. Les Bleus l'emportent 2 à 0 grâce à des buts de Jocelyn Angloma et de Mickaël Madar. Mais c'est pour tout autre chose que ce dernier se distinguera ce soir-là. Au coude à coude avec un adversaire pour récupérer le ballon, Madar voit le joueur arménien tirer un peu trop fort sur sa gourmette : celle-ci tombe sur la pelouse. Madar demande alors aussitôt l'arrêt de la partie pour rechercher l'objet. Mais la gourmette ne sera jamais retrouvée.

LES DATES ET LES MOTS DU FOOT

Parlez-vous football ? Voici quelques mots de vocabulaire pour communiquer sur le terrain. Et, pour balayer 150 ans d'histoire, quelques dates-clés.

CHAMPION
DE FRANCE
LIGUE 1
2012
EURO2008
LIGUE 1
MONTPELLIER
HERAULT SC
2012

LES GRANDES DATES DU FOOTBALL

Voici quelques dates à retenir.

1863 : création de la *Football Association*, la Fédération anglaise de football.

1872 : premier match international officiel, entre l'Écosse et l'Angleterre (0-0). Fondation du Havre Athletic Club, le club doyen en France.

1873 : mise en place du hors-jeu sous sa forme actuelle.

1882 : naissance de l'International Board, l'instance qui détermine les règles du jeu et les fait évoluer au fil du temps.

1888 : création de la *Football League*, le championnat professionnel anglais, la plus ancienne compétition de football.

1891 : les arbitres se mettent à utiliser le sifflet pendant les matchs en Angleterre (en France, il faudra attendre 1895). Inventé par l'Irlandais William McCrum en 1890, le pénalty est introduit pour sanctionner certaines fautes dans la surface de réparation.

1894 : l'Union des sociétés françaises de sports athlétiques organise le premier championnat de France.

1898 : mise en place du système de montée et de descente d'une division à l'autre.

1904 : les Bleus jouent leur premier match international, contre la Belgique (3-3).

1912 : les numéros des joueurs commencent à apparaître au dos des maillots.

1917 : naissance de la Coupe de France.

1919 : le 7 avril, fondation de la Fédération française de football (FFF) sur les cendres du Comité français interfédéral. Le premier président de la FFF est Jules Rimet.

1930 : première Coupe du monde, organisée et gagnée par l'Uruguay.

1932 : premier championnat professionnel en France. Lille en est le vainqueur.

1938 : l'Italie remporte la Coupe du monde en France.

1939 : la Seconde Guerre mondiale stoppe toutes les rencontres internationales.

1945 : le championnat de France de première division fait officiellement relâche jusqu'au début de l'été 1945. Cependant, des « championnats de guerre » non officiels sont organisés.

1950 : la finale de la Coupe du monde au Maracanã de Rio, au Brésil, se dispute devant 200 000 personnes.

1956 : première finale de la Coupe des clubs champions européens (la future Ligue des champions). Le Real Madrid bat Reims 4 à 3.

1958 : Just Fontaine inscrit treize buts en six matchs durant la Coupe du monde en Suède. Insuffisant pour que la France soit sacrée. Le Brésil de Pelé décroche le trophée.

1959 : Reims s'incline en finale de la Coupe des clubs champions européens face au Real pour la seconde fois de son histoire (2-0).

1960 : le Real Madrid s'impose pour la cinquième année de suite en finale de la Coupe des clubs champions.

1961 : première finale de la Coupe d'Europe des vainqueurs de coupe, décrochée par la Fiorentina (2-0 et 2-1) contre les Glasgow Rangers. L'année suivante, les Italiens s'inclinent face à l'Atlético Madrid (1-1, 0-3).

1964 : apparition des poteaux de corner sous leur forme actuelle.

1966 : l'Angleterre remporte la Coupe du monde chez elle face à l'Allemagne 4 à 2.

1970 : introduction du carton rouge pour la première fois dans l'histoire de la Coupe du monde. Cependant, ce n'est qu'en 1974, en Allemagne, à l'encontre du Chilien Carlos Caszely, que le premier rouge sera sorti.

1972 : première finale de la Coupe de l'UEFA, remportée par le club anglais de Tottenham.

1976 : en finale de la Coupe des clubs champions, l'AS Saint-Étienne s'incline face au Bayern Munich (1-0).

1978 : le Sporting Club de Bastia perd la finale de la Coupe de l'UEFA contre le PSV Eindhoven (0-0, 0-3).

1984 : emmenée par Michel Platini, la France gagne sa première compétition internationale lors de l'Euro organisé chez elle. L'Équipe de France olympique décroche la médaille d'or aux Jeux de Los Angeles.

1986 : le Paris Saint-Germain (PSG) est sacré champion de France pour la première fois de son histoire. Au Mexique, la France prend la troisième place d'une Coupe du monde gagnée par l'Argentine.

1992 : l'International Board décide d'interdire au gardien de saisir le ballon à la main lors d'une passe en retrait d'un équipier, et ce dans le but de donner plus de rythme au jeu.
Catastrophe de Furiani : une tribune s'écroule avant la demi-finale de la Coupe de France entre Bastia et Marseille ; 18 personnes trouvent la mort et 2 300 sont blessées.
Monaco s'incline 2 à 0 en finale de la Coupe des coupes face au Werder Brême.

1993 : la France remporte sa première Coupe des clubs champions, désormais rebaptisée Ligue des champions, grâce à Marseille (1-0 contre le Milan AC).

1994 : création de la Coupe de la Ligue.

1995 : trois remplacements par match sont autorisés.

1996 : à Bruxelles, le PSG gagne la Coupe des coupes aux dépens du Rapid Vienne (1-0).

1998 : organisée en France, la Coupe du monde est remportée par les Bleus, qui battent le Brésil en finale 3 à 0.

1999 : Bordeaux est sacré champion de France à la dernière minute de la dernière journée grâce à un but de Pascal Feindouno face au PSG.

2000 : la France réussit un étonnant doublé en remportant l'Euro deux ans après la Coupe du monde.

2006 : la France s'incline en finale de la Coupe du monde face à l'Italie. Alors que les deux équipes sont dos à dos à l'issue de la prolongation (1-1), la rencontre tourne en faveur des Italiens aux tirs au but (5-3).

2008 : Lyon est sacré champion de France pour la septième fois consécutive. Un record en France.

2009 : le FC Barcelone remporte six trophées en une seule saison, un exploit inédit dans le football mondial. Les hommes de Josep Guardiola décrochent la Ligue des champions, le championnat d'Espagne et la Coupe d'Espagne en mai ; puis la Supercoupe d'Espagne et la Supercoupe de l'UEFA en août ; et enfin la Coupe du monde des clubs en décembre.

2010 : éliminés au premier tour, les Bleus se ridiculisent lors de la Coupe du monde en Afrique du Sud.

2012 : Marseille remporte la Coupe de la Ligue pour la troisième année de suite. Montpellier est sacré champion de France pour la première fois de son histoire.

LE LEXIQUE

Pour parer à tout souci de vocabulaire, voici un petit glossaire bien utile.

ARRÊTS DE JEU : temps supplémentaire ajouté par l'arbitre à la fin de chaque période. Trente secondes sont ajoutées par changement de joueur, et une minute en cas de blessure d'un joueur.

BUT EN OR : but servant à départager deux équipes pendant la prolongation. La première formation qui marque remporte la rencontre. Le match s'arrête même si les trente minutes ne sont pas finies. Le but en or n'est plus en vigueur depuis 2004.

CAPITAINE : le patron de L'Équipe. Pour se distinguer de ses partenaires, il porte un brassard autour du bras droit ou gauche. C'est le seul habilité à discuter avec l'arbitre. C'est aussi lui qui choisit le terrain pour l'engagement. Le capitaine a également le bonheur de soulever en premier le trophée lors d'une victoire.

CORNER, OU COUP DE PIED DE COIN : un joueur de L'Équipe qui défend envoie le ballon derrière sa ligne de but ; la formation qui attaque se charge de le remettre en jeu depuis le coin le plus proche de l'endroit où est sorti le ballon.

COUP DU CHAPEAU : le coup du chapeau, ou *hat trick* en anglais, se produit quand un joueur marque trois buts à la suite dans un match. Si un de ses équipiers marque entre-temps, on ne parle plus de *coup du chapeau*, mais d'un simple *triplé*.

DERBY : match opposant deux clubs d'une même ville. Manchester United/Manchester City en Angleterre, Inter Milan/Milan AC en Italie ou Real Madrid/Atlético Madrid en Espagne en sont les parfaits exemples. En France, on parlera aussi de *derby* pour des équipes d'une même région (Lille/Lens, Bordeaux/Toulouse...).

FRAPPE ENVELOPPÉE : action de frapper le ballon en lui donnant un effet particulier. Le cuir tourne alors sur lui-même en prenant une trajectoire arrondie. Cet exercice est généralement réalisé pour battre le gardien adverse.

GRAND PONT : consiste à glisser le ballon d'un côté de son adversaire, à contourner ce dernier par le côté opposé, et à récupérer le ballon pour continuer son action vers l'avant.

HORS-JEU : le joueur attaquant se trouve au-delà du dernier défenseur. Il ne peut recevoir le ballon, car en position de hors-jeu.

MADJER : une madjer est un but inscrit du talon. Cette expression est due au joueur algérien Rabah Madjer, qui marqua de cette manière en finale de la Coupe des clubs champions européens 1987 sous les couleurs du FC Porto.

MERCATO : « marché » en italien ; mot désignant la période pendant laquelle les transferts d'un club à un autre sont autorisés. En France, il existe deux fenêtres pour réaliser son « marché » : entre juin et la fin août, puis pendant le mois de janvier.

PASSE À DIX : se dit lorsqu'une équipe s'amuse à faire tourner le ballon pour priver l'adversaire de toute possibilité d'attaque. Quand la passe à dix est assurée par L'Équipe qui reçoit, le public se mêle au jeu en criant des « Olé ! ».

PÉNALTY, OU COUP DE PIED DE RÉPARATION : après une faute adverse commise dans la surface de réparation, un joueur tire un coup franc direct situé à neuf mètres dans l'axe du but. Le gardien doit rester sur sa ligne de but, et aucun autre joueur ne peut entrer dans la surface.

PETIT PONT : action consistant à faire passer le ballon entre les jambes de son adversaire, puis à contourner ce dernier, avant de récupérer le ballon.

RENARD DES SURFACES : expression désignant un buteur souvent un peu plus âgé que les autres et dont la caractéristique principale est de savoir marquer dans la surface dès qu'une occasion se présente. À titre d'exemple, David Trezeguet, Rudi Völler, Delio Onnis, Pedro Miguel Pauleta ou encore Ruud Van Nistelrooy furent ou sont encore d'excellents renards des surfaces.

REPRISE DE VOLÉE : consiste à frapper fort en direction du but avant que le ballon ne touche le sol (on parlera sinon de *demi-volée*). Ce geste technique offre généralement des buts spectaculaires. Spécialiste de cet exercice, Jean-Pierre Papin, attaquant de l'Olympique de Marseille dans les années 1990, donna son nom aux reprises de volée acrobatiques : les « papinades ».

TACLE : geste technique défensif permettant de récupérer le ballon dans les pieds de l'adversaire, en glissant ou non. Si le tacle est réussi, le jeu continue ; s'il est dangereux, l'arbitre siffle une faute et peut sanctionner le tacleur d'un carton jaune ou rouge.

TOSS, OU TIRAGE AU SORT : une pièce est lancée en l'air ; L'Équipe qui gagne donne le coup d'envoi ou choisit son camp pour entamer la rencontre. En seconde période, les deux équipes changent de camp. Un nouveau *toss* a lieu avant la prolongation et les tirs au but.

UNE-DEUX : échange de passes rapide entre deux partenaires. Le joueur possédant le ballon le transmet à un coéquipier et continue sa course ; son coéquipier lui redonne le ballon dans la foulée.

CRÉDIT PHOTOGRAPHIQUE

ILLUSTRATION DES LOGOS DES CLUBS : Florence Ollé.

ISTOCK :
Couverture : AtomA (ballon) ; Victor Soares (bustes et ballons).
P. 55 : Victor Soares.

LEEMAGE :
P. 12 : Lee.

PRESSE SPORTS :
Couverture : Pics United (carton rouge + p. 5), Simon Stacpoole/Offside (Coupe du monde + p. 5), Alain Mounic (maillot + p. 5), Presse sports (Platini + p. 5), Rondeau (Messi + p. 5), Pierre Minier (drapeau + p. 5), Fevre (ballon + p. 5 et 25), Seguin (Coupe de France + p. 5), Alex Martin (fanion + p. 5). P. 7 : Papon. P. 8 : Massimo Sestini. P. 9 : Fevre (+ p. 61). P. 10 : fonds Excelsior. P. 11 : Alain Gadoffre (g), *L'Équipe* (d). P. 13 : *L'Équipe*. P. 14 : Félix Golési (g), Papon (d). P. 15 : Stéphane Reix. P. 16 : Alain Galdoffre. P. 17 : Alex Martin. P. 18 : fonds Excelsior. P. 19 : Papon (h), *L'Équipe* (bg et bd). P. 20 : Alex Martin. P. 21 : Stéphane Reix. P. 22 : Lablatinière (g), Simon Stacpoole/Offside (d). P. 23 : Alex Martin. P. 24 : Élisa Haberer. P. 26 : Alex Martin. P. 27 : De Martignac. P. 28 : Luttiau. P. 29 : Mark Leech/Offside (h), Rondeau (b). P. 30 : Prevost. P. 31 : Alain Mounic (h), Philippe Montigny (b). P. 32 : Franck Faugère. P. 33 : Simon Stacpoole/Offside (+ p. 35, 36, 37, 38, 39, 113), Fel (d) P. 34 : *L'Équipe*. P. 35 : Presse sports (b). P. 36 : Presse sports (b). P. 37 : De Martignac (b). P. 38 : Alex Martin (b). P. 39 : Fel (b). P. 40 : Presse sports. P. 41 : Matthias Hangst/Witters (h + p. 42 et 43 h), Presse sports (b). P. 42 : Legros (b). P. 43 : Papon (b). P. 44 : Boutroux. P. 45 : Fevre (h + p. 46 et 47). André Lecoq (b). P. 46 : Alex Martin (b). P. 47 : Lahalle (b). P. 48 : Pochat. P. 49 : Lefty Shivambu/Gallo Images (h), Alain Mounic (b). P. 50 : Piko/Argenpress. P. 51 : Fevre (h), Piko/Argenpress (b). P. 52 : Legros. P. 53 : Rondeau (h), Presse sports (b). P. 54 : Fevre (g), Gabriel Piko/Piko Press. P. 56 : Simon Stacpoole/Offside. P. 57 : Presse sports. P. 58 : Fevre. P. 59 : Mantey/*L'Équipe*. P. 60 : Fevre/*L'Équipe*. P. 62 : Pier Paolo Ferreri/Massimo Sestini. P. 63 : Lahalle. P. 64 : Francesca Ceciarini/Cordon. P. 65 : Presse sports. P. 66 : Presse sports (hg et b). P. 67 : Presse sports (hd et b). P. 68 : André Lecoq (hg), Presse sports (b). P. 69 : Presse sports (h et b). P. 70 : Presse sports (hg et b). P. 71 : Presse sports (h et b). P. 72 : Presse sports (hg et b) P. 73 : Boutroux/Legros/Pichon (h), Lecoq (b). P. 74 : Rondeau (hg), Lahalle (b). P. 75 : Richiardi (hd), Sébastien Boue (b). P. 76 : Fevre (b). P. 77 : Pics United (b). P. 78 : Landrain (b). P. 79 : Presse sports (b). P. 80 : Sportsphoto Agency/Pics United (b). P. 81 : Landrain (b). P. 82 : Tim Groothuis (b). P. 83 : *L'Équipe* (b). P. 84 : Richiardi (b). P. 85 : Presse sports (b). P. 86 : Papon. P. 87 : Fevre (g), Rondeau (d). P. 88 : Landrain. P. 89 : Prevost. P. 90 : Fablet. P. 91 : De Martignac (h et b). P. 92 : Presse sports (h), André Lecoq (b). P. 93 : Pierre Lahalle. P. 94 : André Lecoq (h), Fablet (b). P. 95 : Philippe Caron. P. 96 : Rondeau. P. 97 : André Lecoq. P. 98 : Pichon/Lecoq. P. 99 : André Lecoq. P. 100 : Fel. P. 101 : Caron. P. 102 : Boutroux. P. 103 : Landrain. P. 104 : Francesca Ceciarini/Cordon. P. 105 : Fablet. P. 106 : Alain Mounic (g), Prevost (d). P. 107 : Fel. P. 108 : Presse sports (h), Boutroux (b). P. 109 : Alain Mounic (g), Presse sports (d). P. 110 : Lablatinière. P. 111 : Mantey. P. 112 : André Lecoq. P. 113 : De Martignac (h). P. 114 : Clément Caron. P. 115 : Fevre (h), Papon (b). P. 116 : Fablet. P. 117 : Pichon. P. 118 : Mantey. P. 119 : Pics United (g), Felix Golesi (d). Quatrième de couverture : Alain Mounic.

www.editionsmilan.com

ISBN : 978-2-7459-6011-5
Dépôt légal : 4e trimestre 2012
Imprimé en Espagne par Egedsa

GO!